千字文과 함께 반드시 익혀야 할 漢字

原本最初解説

推 句 集
추 구 집

1. 四 字 小 學
2. 三 綱 五 倫
3. 童 蒙 先 習
4. 啓 蒙 篇
5. 附 錄 篇

〈一日不讀書이면 口中生荆棘이라(하루라도 글을 읽지 않으면 입안에 가시가 돋힌다)〉는 安重根 義士가 여순 감옥에서 남긴 유명한 글귀로 모르는 사람이 없을 것이다. 이밖에 유품으로 남긴 많은 글귀도 推句에 실려 있는 걸 보아 安義士도 이 책을 늘 애송했으리라 짐작된다. 推句에는 우주의 삼라만상에서부터 인간, 동식물, 자연의 오묘함을 시를 애송함으로써 자연히 알게 하였다. 한마디로 초학자가 한문을 재미있게 공부할 수 있게 꾸며진 책으로 우리 조상의 슬기와 지혜가 글귀 하나하나에 스며 있음을 깨달을 수 있을 것이다.

太乙出版社

♠ 차례

天天天	高高方	日日日	月月了	明明明
天	高	日	月	明
一二于天	亠高高高	丨冂冂日	丿月月	日刖明明
하늘천	높을고	해 일	달 월	밝을명

天高日月明(천고일월명) : 하늘은 높고 해와 달은 밝으며,

地地地	厚厚厚	草草草	木末木	生生生
地	厚	草	木	生
土圤地地	厂厈厚厚	艹艹苩草	一十才木	一牛牛生
땅 지	두터울후	풀 초	나무목	날 생

地厚草木生(지후초목생) : 대지는 두텁고 풀과 나무는 잘 자라도다.

春春亦	来来来	梨梨梨	花花む	白白白
春	來	梨	花	白
三夫春春	十才來來	未利梨梨	艹花花花	丿ㄇ白
봄 춘	올 래	배나무이	꽃 화	흰 백

春來梨花白(춘래이화백) : 봄이 오니 배나무꽃은 하얗게 피었고,

夏夏友	至至王	樹樹樹	葉葉羹	靑靑す
夏	至	樹	葉	靑
冂百夏夏	亠至至至	扩椙樹樹	艹茸葉葉	丰青青青
여름하	절기지	나무수	잎 엽	푸를청

夏至樹葉靑(하지수엽청) : 여름이 오니 나뭇잎이 푸르도다.

5

秋秋秋	凉凉凉	菊菊菊	黄黄黄	發發友
秋	**凉**	**菊**	**黄**	**發**
千禾禾秋	广疒沪凉	艹芍茍菊	苎芇茜黃	癶弓發發
가을 추	서늘 양	국화 국	누를 황	필 발

秋凉菊黃發(추양국황발) : 서늘한 가을이 오면 국화가 만발하고,

冬冬冬	寒寒寒	白白白	雪雪雪	来来来
冬	**寒**	**白**	**雪**	**來**
ク冬冬冬	宀宲寒寒	丿冂白	乛雪雪雪	十才來來
겨울 동	찰 한	흰 백	눈 설	올 래

冬寒白雪來(동한백설래) : 추운 겨울이 오니 흰눈이 내리도다.

月月月	出出出	天天天	開開開	眼眼眼
月	**出**	**天**	**開**	**眼**
丿月月	屮中出出	一二于天	門門門開	盰盰眼眼
달 월	날 출	하늘 천	열 개	눈 안

月出天開眼(월출천개안) : 달이 뜨니 하늘은 눈을 뜬 것 같고,

山山山	高高高	地地地	擧擧擧	頭頭頭
山	**高**	**地**	**擧**	**頭**
丨山山	亠高高高	土圵地地	與與擧	豆頭頭頭
뫼 산	높을 고	땅 지	들 거	머리 두

山高地擧頭(산고지거두) : 산이 높으니 땅은 머리를 든 것 같도다.

人	心	朝	夕	變
人人人	心心心	朝朝朝	夕夕夕	變變変
人	心	朝	夕	變
ノ人	丶心心心	直卓朝朝	ノクタ	織織變變
사람 인	마음 심	아침 조	저녁 석	변할 변

人心朝夕變(인심조석변) : 사람의 마음은 아침과 저녁 따라 다르나,

山	色	古	今	同
山山山	色色色	古古古	今今今	同同同
山	色	古	今	同
｜山山	名名色色	十古古古	ノ人人今	冂冂同同
뫼 산	빛 색	옛 고	이제 금	한가지동

山色古今同(산색고금동) : 산의 색깔은 옛날이나 지금이나 똑같도다.

日	月	千	年	鏡
日日日	月月月	千千千	年年年	鏡鏡鏡
日	月	千	年	鏡
｜冂冃日	ノ刀月月	一二千	㇒㇒与年	鈩鈩鐘鏡
해 일	달 월	일천 천	해 년	거울 경

日月天年鏡(일월천년경) : 해와 달은 천년 동안 하늘과 땅의 거울이요,

江	山	萬	古	屏
江江江	山山山	萬萬萬	古古古	屏屏屏
江	山	萬	古	屏
氵广江江	｜山山	茜萬萬萬	十古古古	尸尸屏屏
물 강	뫼 산	일만 만	옛 고	병풍 병

江山萬古屏(강산만고병) : 산과 강물은 만년 동안 병풍이 되었도다.

東東东	西西西	日日日	月月月	門門门
東	西	日	月	門
日 日 申 東 東	一 一 西 西 西	｜ 冂 日 日	） 月 月	门 门 門 門
동녘동	서녘서	해 일	달 월	문 문

東西日月門(동서일월문) : 동과 서는 해와 달의 문이고,

南南南	北北北	鴻鴻鴻	雁雁雁	路路路
南	北	鴻	雁	路
市 南 南 南	一 丨 扌 北	氵 沪 鴻 鴻	厂 厂 雁 雁	旦 趵 路 路
남녘남	북녘북	기러기홍	기러기안	길 로

南北鴻雁路(남북홍안로) : 남과 북은 기러기떼의 길이로다.

十十十	年年年	燈燈燈	下下下	苦苦苦
十	年	燈	下	苦
一 十	一 一 三 年	火 火 燈 燈	一 丁 下	十 艹 苦 苦
열 십	해 년	등잔등	아래하	괴로울고

十年燈下苦(십년등하고) : 십년 동안 열심히 등잔 밑에서 공부를 하여,

三三三	日日日	馬馬馬	頭頭頭	榮榮榮
三	日	馬	頭	榮
一 二 三	｜ 冂 日 日	厂 厂 馬 馬	豆 頭 頭 頭	火 松 炏 榮
석 삼	날 일	말 마	머리두	영화영

三日馬頭榮(삼일마두영) : 벼슬길에 올라 사흘간 말을 타고 축하를 받는다.

一一一	日日日	不不ふ	讀讀诗	書書占
一	日	不	讀	書
一	ㅣ冂日日	一ㄱㄱ不	言言言讀讀	一中聿書
한 일	날 일	아니불	읽을독	글 서

一日不讀書(일일부독서) : 하루라도 글을 읽지 않으면

口口口	中中中	生生生	荆荆弄	棘棘狱
口	中	生	荆	棘
ㅣ冂口	ㅣ冂口中	丿牛生生	兰芽荆荆	車東牙棘
입 구	가운데중	날 생	가시형	가시극

口中生荆棘(구중생형극) : 입안에 가시가 돋는다.

江江江	山山山	萬萬芳	古古古	主主主
江	山	萬	古	主
氵氵汀江江	ㅣ山山	萬萬萬萬	十古古古	一十キ主
강 강	뫼 산	일만만	옛 고	주인주

江山萬古主(강산만고주) : 강과 산은 만고의 주인이나,

人人人	物物物	百百百	年年生	賓賓宾
人	物	百	年	賓
丿人	キ牛牝物	一丁丏百	ㅅ丷乍年	十步宀賓賓
사람인	물건물	일백백	해 년	손 빈

人物百年賓(인물백년빈) : 사람은 강산에 잠시 왔다 가는 손님이로다.

9

春	北	秋	南	雁
二 夫 春 春	丨 丬 丬 北	千 禾 禾 秋	市 南 南 南	厂 厈 厑 雁
봄 춘	북녘북	가을추	남녘남	기러기안

春北秋南雁(춘북추남안) : 봄에는 북쪽, 가을에는 남쪽으로 기러기는 왕래하고,

朝	西	暮	東	虹
古 直 朝 朝	兀 西 西 西	莒 莫 萛 暮	亘 車 東 東	虫 虹 虹 虹
아침조	서녘서	저물모	동녘동	무지개홍

朝西暮東虹(조서모동홍) : 무지개는 아침엔 서쪽, 저녁엔 동쪽에 빛나도다.

日	月	籠	中	鳥
丨 冂 日 日	丿 月 月	竺 筥 籠 籠	丨 口 口 中	宀 自 鳥 鳥
해 일	달 월	새장롱	가운데중	새 조

日月籠中鳥(일월농중조) : 해와 달은 새장 속에 있는 새와 같고,

乾	坤	水	上	萍
古 直 草 乾	土 圢 坩 坤	丿 才 水 水	一 十 上	艹 芍 莁 萍
하늘건	땅 곤	물 수	위 상	부평초평

乾坤水上萍(건곤수상평) : 하늘과 땅의 움직임은 부평초와 같도다.

春春春	水水水	滿滿滿	四四四	澤澤澤
春	水	滿	四	澤
二 夫 春 春	丿 才 水 水	浩 浩 滿 滿	冂 冎 四 四	氵 澤 澤 澤
봄 춘	물 수	가득할만	넉 사	못 택

春水滿四澤(춘수만사택) : 봄이면 못에 물이 가득 차고,

夏夏夏	雲雲雲	多多多	奇奇奇	峯峯峯
夏	雲	多	奇	峯
冂 百 夏 夏	千 千 雲 雲	ク タ 多 多	大 宋 奇 奇	岁 灾 峯 峯
여름 하	구름 운	많 을 다	기묘할기	봉우리봉

夏雲多奇峯(하운다기봉) : 여름철의 구름은 기묘한 봉우리를 만들도다.

秋秋秋	月月月	揚揚揚	明明明	輝輝輝
秋	月	揚	明	輝
千 禾 秋 秋	丿 月 月	扌 揚 揚 揚	日 旫 明 明	丯 扩 輝 輝
가 을 추	달 월	드날릴양	밝 을 명	빛 날 휘

秋月揚明輝(추월양명휘) : 가을철에 뜨는 달은 유난히 밝게 비추고,

冬冬冬	嶺嶺嶺	秀秀秀	孤孤孤	松松松
冬	嶺	秀	孤	松
ク 夂 冬 冬	屵 嵤 嶺 嶺	千 禾 秀 秀	子 孤 孤 孤	木 朴 松 松
겨 울 동	산고개령	빼어날수	외로울고	소나무송

冬嶺秀孤松(동령수고송) : 겨울철의 산에 있는 소나무는 더욱 푸르게 보이도다.

日	暮	鷄	登	塒
ㅣㄇㅂ日	莒莫莫暮	奚鷄鷄鷄	癶癶登登	ㅏ㘭塒塒
날 일	저녁 모	닭 계	오를 등	닭장 시

日暮鷄登塒(일모계등시) : 날이 저물면 닭은 닭장에 들고,

天	寒	鳥	入	簷
一二于天	宀寒寒寒	户自鳥鳥	ノ入	艹艹芦簷
하늘 천	찰 한	새 조	들 입	처마 첨

天寒鳥入簷(천한조입첨) : 일기가 추워지면 새들은 처마에 들도다.

細	雨	池	中	看
糸細細細	冂而雨雨	氵氵沪池	ㅣㄇㅁ中	二ㅌ看看
가늘 세	비 우	못 지	가운데중	볼 간

細雨池中看(세우지중간) : 이슬비는 못 가운데서 형상을 볼 수 있고

微	風	木	末	知
彳彳徵微	几凤風風	一十才木	二末末末	㇐ㅌ矢知
가늘 미	바람 풍	나무 목	끝 말	알 지

微風木末知(미풍목말지) : 나뭇가지 끝을 보면 바람이 부는 것을 알 수 있도다.

松松松	作作作	迎迎迎	客客客	蓋蓋蓋
松	作	迎	客	蓋
才 朳 松 松	亻 伫 竹 作	卬 卬 迎 迎	宀 灾 客 客	艹 芏 蓋 蓋
소나무송	지을작	맞을영	손님객	덮을개

松作迎客蓋(송작영객개) : 소나무 밑은 손님을 맞는 장자 구실을 하고,

月月月	爲爲爲	讀讀讀	書書書	燈燈燈
月	爲	讀	書	燈
丿 月 月	爫 爫 爲 爲	訁 讀 讀 讀	聿 聿 書 書	火 灯 燈 燈
달 월	할 위	읽을독	글 서	등잔등

月爲讀書燈(월위독서등) : 달이 밝으니 글 읽는데 등불 구실을 하는구나.

桃桃桃	李李李	千千千	機機機	錦錦錦
桃	李	千	機	錦
才 材 杙 桃	十 木 李 李	一 二 千	才 档 機 機	金 鉅 錦 錦
복숭아도	오얏이	일천천	베틀기	비단금

桃李千機錦(도리천기금) : 복숭아꽃과 오얏꽃은 베틀에 있는 비단 같고,

江江江	山山山	一一一	畫畫畫	屛屛屛
江	山	一	畫	屛
氵 氵 汀 江	丨 山 山	一	聿 書 畫 畫	尸 屛 屛 屛
강 강	뫼 산	한 일	그림화	병풍병

江山一畫屛(강산일화병) : 강과 산은 한 폭의 병풍 같도다.

微	雲	過	河	漢
微微微	雲雲雲	過過過	河河河	漢漢漢
彳彳徸微	干干雩雲	冎冎過過	氵厂河河	氵汁漢漢
가늘미	구름운	지낼과	황하수하	한수한

微雲過河漢(미운과하한) : 솜털구름은 황하를 유유히 지나가고,

疎	雨	滴	梧	桐
疎疎疎	雨雨⻆	滴滴滴	梧梧梧	桐桐桐
𤳊𤳊𤳊疎	厂币雨雨	氵汁滴滴	杧杧梧梧	杝杝桐桐
드물소	비우	적실적	오동나무오	오동나무동

疎雨滴梧桐(소우적오동) : 소나기는 오동나무잎을 적시는구나.

學	文	千	載	寶
學學学	文文文	千千千	載載我	寶寶宝
臼臼細學	丶亠ナ文	一二千	一車載載	宀宓宲寶
배울학	글월문	일천천	실을재	보배보

學文千載寶(학문천재보) : 글을 배워서 익히면 천년의 보배가 되나,

貪	物	一	朝	塵
貪貪貪	物物物	一一一	朝朝㲉	塵塵塵
今舍貪貪	牜牜牣物	一	吉車朝朝	广庐鹿塵
탐할탐	물건물	한일	아침조	티끌진

貪物一朝塵(탐물일조진) : 물질을 탐내면 하루 아침에 티끌로 사라지도다.

柳柳柳	幕幕幕	鶯鶯鶯	爲爲爲	客客客
柳	幕	鶯	爲	客
材 柯 柳柳	艹 茓 莫幕	艹 鶯鶯鶯	爫 爫 爲爲	宀 宊 客客
버들 류	장막 막	꾀꼬리앵	할 위	손 님 객

柳幕鶯爲客(유막앵위객) : 버드나무는 꾀꼬리를 손님으로 맞이하고,

花花花	房房房	蝶蝶蝶	作作作	郎郎郎
花	房	蝶	作	郎
艹 花花花	戶 戶 房房	虫 蛪 蜨蝶	亻 伫 竹作	彐 良 郎郎
꽃 화	방 방	나비 접	지을 작	남편 량

花房蝶作郎(화방접작량) : 꽃은 나비를 서방님으로 모시는구나.

山山山	外外外	山山山	不不不	盡盡盡
山	外	山	不	盡
丨 山山	夂 夕 外外	丨 山山	一 丆 ァ 不	聿 圭 聿盡
뫼 산	바깥 외	뫼 산	아니 불	다할 진

山外山不盡(산외산부진) : 첩첩산은 넘고 넘어도 끝이 없고,

路路路	中中中	路路路	無無無	窮窮窮
路	中	路	無	窮
足 趵 跻路	丨 口 口 中	足 趵 跻路	二 無 無無	宀 窮窮窮
길 로	가운데중	길 로	없을 무	다할 궁

路中路無窮(노중로무궁) : 길은 가도가도 끝이 없이 이어지도다.

飲飲飲	酒酒酒	人人人	顏顏顏	赤赤赤
飲	酒	人	顏	赤
飠飠飫飲	氵酒酒酒	丿人	彥顏顏顏	亐赤赤赤
마실음	술 주	사람인	얼굴안	붉을적

飲酒人顏赤(음주인안적) : 술을 마시면 얼굴이 붉어지고,

食食食	草草草	馬馬馬	口口口	靑靑靑
食	草	馬	口	靑
飠飠食食	艹芍莒草	厂厎馬馬	丨冂口	丰靑靑靑
먹을식	풀 초	말 마	입 구	푸를청

食草馬口靑(식초마구청) : 풀을 뜯는 말은 입가에 푸른 물이 마를 새가 없도다.

雨雨雨	後後後	山山山	如如如	沐沐沐
雨	後	山	如	沐
冂帀雨雨	彳衫後後	丨山山	女女如如	氵汁沐沐
비 우	뒤 후	뫼 산	같을여	목욕할목

雨後山如沐(우후산여목) : 비가 온 뒤의 산은 목욕을 한 것 같고,

風風風	前前前	草草草	似似似	醉醉醉
風	前	草	似	醉
几凡風風	广广前前	艹芍莒草	亻似似似	酉酊醉醉
바람풍	앞 전	풀 초	같을사	취할취

風前草似醉(풍전초사취) : 바람이 부니 초목은 이리저리 흔들리는구나.

花花屯	笑笑笑	聲聲殸	未未未	聽聽聹
花	笑	聲	未	聽
艹艹芑花	^ ⺮竺笑	声殸聲聲	二ニ未未	耳耵聹聽
꽃 화	웃음소	소리성	아닐미	들을청

花笑聲未聽(화소성미청) : 꽃이 웃고 있지만 그 소리는 듣지 못하고,

鳥鳥⺃	啼啼啼	淚淚冹	難難艱	看盾为
鳥	啼	淚	難	看
广户鳥鳥	口吹吟啼	汇沪淚淚	萛莫觐難	二手看看
새 조	울 제	눈물루	어려울난	볼 간

鳥啼淚難看(조제루난간) : 새는 울지만 그 눈물은 볼 수가 없구나.

風風凨	驅驅逦	群群羣	飛飛飞	雁雁厇
風	驅	群	飛	雁
几凡風風	馬駇驅驅	尹君羣群	下飞飛飛	厂厒厒雁
바람풍	쫓아보낼구	무리군	날 비	기러기안

風驅群飛雁(풍구군비안) : 바람이 불어서 무리로 날아간 기러기를 쫓아보내고,

月月彡	送送迸	獨獨猬	去去厺	舟舟舟
月	送	獨	去	舟
丿月月	丷癸浂送	犭犵獨獨	十士去去	几円凢舟
달 월	보낼송	홀로독	갈 거	배 주

月送獨去舟(월송독거주) : 달빛아래 홀로가는 배를 전송하도다.

小	園	鶯	歌	歇
적을소	동산원	꾀꼬리앵	노래가	쉴헐

小園鶯歌歇(소원앵가헐) : 정원은 아름다운 꾀꼬리가 노래하며 쉬는 곳이고,

長	門	蝶	舞	多
길 장	문 문	나비접	춤출무	많을다

長門蝶舞多(장문접무다) : 대문마다 나비가 떼를 지어 춤을 추는구나.

風	窓	燈	易	滅
바람풍	창문창	등잔등	쉬울이	멸할멸

風窓燈易滅(풍창등이멸) : 바람이 부니 등잔불이 쉽게 꺼지고,

月	屋	夢	難	成
달 월	집 옥	꿈 몽	어려울난	이룰성

月屋夢難成(월옥몽난성) : 달이 밝아 낮과 같으니 꿈을 이룰 수가 없도다.

白	鷺	千	點	雪
白白白	鷺鷺鷺	千千千	點點點	雪雪雪
丿 冂 白	𠃊 路 鷺 鷺	一 二 千	甲 黒 點 點	雨 雪 雪 雪
흰 백	백로 로	일천 천	점 점	눈 설

白鷺千點雪(백로천점설) : 흰 백로는 온통 흰 눈으로 몸을 치장한 것 같고,

黃	鶯	一	片	金
黃黃黃	鶯鶯鶯	一一一	片片片	金金金
艹 芇 莆 黃	𢆉 炏 鶯 鶯	一	丿 丿 广 片	亼 全 余 金
누를 황	꾀꼬리 앵	한 일	조각 편	쇠 금

黃鶯一片金(황앵일편금) : 황금 꾀꼬리는 얼핏 황금덩어리로 보이도다.

東	西	幾	萬	里
東東東	西西西	幾幾幾	萬萬萬	里里里
亘 市 束 東	丅 丙 西 西	幺幺 㡭 幾 幾	苩 萬 萬 萬	日 甲 里 里
동녘 동	서녘 서	몇 기	일만 만	마을 리

東西幾萬里(동서기만리) : 동 서는 몇 만리인가 알 수 없고,

南	北	不	能	尺
南南南	北北北	不不不	能能能	尺尺尺
冇 冇 南 南	丨 丬 北 北	一 ア 不 不	自 自 能 能	コ 尸 尺
남녘 남	북녘 북	아니 불	능할 능	자 척

南北不能尺(남북불능척) : 남북도 자로 잴 수가 없이 멀도다.

狗狗狗	走走走	梅梅梅	花花芒	落落夜
狗	走	梅	花	落
犭 犭 狗狗	土 丰 丰 走	杧 栴 梅梅	艹 艹 花 花	艹 莎 落 落
개 구	달릴 주	매화 매	꽃 화	떨어질 락

狗走梅花落(구주매화락) : 개가 달리면 매화꽃이 떨어지고,

鷄鷄鷄	行行り	竹竹竹	葉葉葉	成成屯
鷄	行	竹	葉	成
奚 鄿 鷄鷄	彳 行 行	𠂊 个 竹 竹	艹 芦 葉葉	厂 成 成 成
닭 계	다닐 행	대 죽	잎사귀 엽	이룰 성

鷄行竹葉成(계행죽엽성) : 닭이 다니는 곳엔 대나무 잎이 무성하도다.

竹竹竹	筍筍筍	黃黃黃	犢犢犢	角角角
竹	筍	黃	犢	角
𠂊 个 竹 竹	𥫗 竻 笱 筍	艹 莆 莆 黃	犭 犿 犢 犢	勹 角 角 角
대 죽	죽순 순	누를 황	송아지 독	뿔 각

竹筍黃犢角(죽순황독각) : 대나무순은 송아지 뿔과 같고,

蕨蕨蕨	芽芽芽	小小小	兒兒兒	拳拳拳
蕨	芽	小	兒	拳
艹 芦 蕨 蕨	艹 芒 芽	亅 亅 小	𦥑 臼 臼 兒	艹 关 卷 拳
고사리 궐	싹 아	적을 소	어린이 아	주먹 권

蕨芽小兒拳(궐아소아권) : 고사리순은 어린아이 주먹 같도다.

白白白	雲雲雲	山山山	上上上	蓋蓋蓋
白	雲	山	上	蓋
白白白	雪雲雲雲	ㅣ 山 山	一十上	蓋蓋蓋
흰 백	구름 운	뫼 산	위 상	덮을 개

白雲山上蓋(백운산상개) : 흰 구름은 남산 위를 덮고 있으며,

明明明	月月月	水水水	中中中	珠珠珠
明	月	水	中	珠
日 明 明 明	ノ 月 月	ノ 才 才 水	ㅣ ㄇ ㅁ 中	珎 珎 珠 珠
밝을 명	달 월	물 수	가운데중	구슬 주

明月水中珠(명월수중주) : 밝은 달은 우물 속에 있는 구슬같구나.

花花花	紅紅紅	黃黃黃	蜂蜂蜂	鬧鬧鬧
花	紅	黃	蜂	鬧
花 花 花 花	糸 糸 紅 紅	芐 芐 黃 黃	虫 蚞 蜂 蜂	門 門 鬧 鬧
꽃 화	붉을 홍	누를 황	벌 봉	시끄러울뇨

花紅黃蜂鬧(화홍황봉뇨) : 백화가 만발하면 벌들은 노래하고,

草草草	綠綠綠	白白白	馬馬馬	嘶嘶嘶
草	綠	白	馬	嘶
芐 芐 草 草	糸 糸 綠 綠	白白白	厂 厈 馬 馬	叮 唭 嘶 嘶
풀 초	푸를 록	흰 백	말 마	울 시

草綠白馬嘶(초록백마시) : 초원에 풀이 우거지니 백마가 즐겁게 뛰놀도다.

耕耕耕	田田田	埋埋埋	春春夆	色色色
耕	田	埋	春	色
丰 丰 耒 耕	冂 卪 田 田	圵 坦 埒 埋	三 夫 秦 春	夕 夅 色 色
갈 경	밭 전	묻을매	봄 춘	빛 색

耕田埋春色(경전매춘색) : 밭을 갈면 봄을 묻는 것 같고,

汲汲汲	水水汋	斗斗봐	月月る	光光光
汲	水	斗	月	光
氵 汀 汲 汲	丿 オ オ 水	丶 二 斗	丿 月 月	丷 丵 半 光
물길을급	물 수	말 두	달 월	빛날광

汲水斗月光(급수두월광) : 물을 떠오면 달빛도 함께 떠온 것 같도다.

畫畫毛	虎虎虎	難難難	畫畫毛	骨骨骨
畫	虎	難	畫	骨
丰 畫 聿 畫	一 广 卢 虎	堇 莫 難 難	丰 畫 聿 畫	冂 冎 骨 骨
그림화	호랑이호	어려울난	그림화	뼈 골

畫虎難畫骨(화호난화골) : 호랑이의 모습은 그릴 수 있지만 그 뼈는 그릴 수 없고,

知知知	人人人	未未未	知知知	心心心
知	人	未	知	心
上 矢 知	丿 人	二 丰 未 未	上 矢 知	丶 心 心 心
알 지	사람인	아닐미	알 지	마음심

知人未知心(지인미지심) : 사람은 누구나 사귈 수 있지만 그 마음은 알 수가 없도다.

秋秋秋	葉葉葉	霜霜霜	前前前	落落落
秋	葉	霜	前	落
千禾利秋	艹苹茟葉	季季雫霜	广产前前	艹茨落落
가을추	잎사귀엽	서리상	앞 전	떨어질락

秋葉霜前落(추엽상전락) : 가을철 나뭇잎은 서리가 내리면 낙엽이 지고,

春春春	花花花	雨雨雨	後後後	紅紅紅
春	花	雨	後	紅
二夫春春	艹艹花花	冂帀雨雨	彳彳彳後	千糸紅紅
봄춘	꽃화	비우	뒤후	붉을홍

春花雨後紅(춘화우후홍) : 봄철에 만발한 꽃은 비가 내린 후면 더욱 붉어지도다.

雨雨雨	滴滴滴	沙沙沙	顔顔顔	縛縛縛
雨	滴	沙	顔	縛
冂帀雨雨	氵浒滴滴	氵沪沙沙	産顔顔顔	糹縛縛縛
비우	적실적	모래사	얼굴안	얽을박

雨滴沙顔縛(우적사안박) : 비가 내리니 백사장이 갑자기 얼룩지고,

風風風	來來來	水水水	先先先	動動動
風	來	水	先	動
几凡風風	十來來來	丿才才水	一牛生先	車動動動
바람풍	올래	물수	먼저선	움직일동

風來水先動(풍래수선동) : 바람이 불면 물이 먼저 움직이도다.

吹吹吹	火火�880	女女女	脣脣脣	尖尖尖
吹	火	女	脣	尖
口 叮吹吹	ㆍㆍㅏ火	人女女	辰辰脣脣	小小尖尖
불 취	불 화	계집녀	입술순	뽀쪽할첨

吹火女脣尖(취화여순첨) : 불꽃을 부는 여자아이 입술은 뽀쪽하고,

脫脫脫	弁弁弁	僧僧僧	頭頭頭	圓圓圓
脫	弁	僧	頭	圓
月 肵胎脫	ㅗㅛ弁弁	仁俏僧僧	豆 頭頭頭	門閂圓圓
벗길탈	꼬깔변	중 승	머리두	둥글원

脫弁僧頭圓(탈변승두원) : 모자를 벗은 중의 머리는 둥글도다.

天天天	傾傾傾	西西西	北北北	邊邊邊
天	傾	西	北	邊
一二于天	亻化何傾	兀丙西西	十十北北	皀鼻臱邊
하늘천	기울어질경	서녘서	북녘북	갓 변

天傾西北邊(천경서북변) : 하늘은 서쪽과 북쪽으로 기울어지고,

地地地	卑卑卑	東東東	南南南	界界界
地	卑	東	南	界
土 圤地地	宀白卑卑	亘車東東	广南南南	田田界界
땅 지	낮을비	동녘동	남녘남	경계계

地卑東南界(지비동남계) : 땅은 동쪽과 남쪽의 경계로 낮게 이어지도다.

花花 ℃	有有 ⁊	重重重	開開 ⟊	日日日
花	有	重	開	日
艹 艹 花 花	ナ 才 有 有	亠 宙 重 重	尸 門 門 開	丨 冂 丹 日
꽃 화	있을 유	거듭 중	열 개	날 일

花有重開日(화유중개일) : 꽃은 피었다 지면 다시 피지 않고,

人人人	無無无	更更叐	少少少	年年乎
人	無	更	少	年
丿 人	亠 無 無 無	一 百 更 更	丿 小 小 少	𠂉 𠂉 𠂉 年
사람 인	없을 무	다시 갱	젊을 소	해 년

人無更少年(인무갱소년) : 사람도 한번 늙으면 다시 소년이 될 수 없도다.

鳥鳥乌	逐逐逐	花花℃	間間旮	蝶蝶蝶
鳥	逐	花	間	蝶
广 户 鳥 鳥	豕 豕 逐 逐	艹 艹 花 花	尸 門 門 間	虫 蚪 蚪 蝶
새 조	쫓을 축	꽃 화	사이 간	나비 접

鳥逐花間蝶(조축화간접) : 새는 꽃 사이의 나비를 쫓아 다니고,

鷄鷄鷄	爭爭爭	草草艹	中中中	蟲蟲虫
鷄	爭	草	中	虫
奚 鷄 鷄 鷄	爫 爫 爭 爭	艹 艹 芦 草	丨 冂 口 中	中 虫 虫 蟲
닭 계	다툴 쟁	풀 초	가운데중	벌레 충

鷄爭草中蟲(계쟁초중충) : 닭은 풀속의 벌레를 다투어 잡는도다.

山	影	推	不	出
뫼 산	그림자영	밀 추	아니불	날 출

山影推不出(산영추불출) : 산그림자는 잡으려 해도 잡지 못하고,

月	光	掃	還	生
달 월	빛 광	쓸 소	다시환	날 생

月光掃還生(월광소환생) : 달빛은 빗자루로 쓸어도 다시 생기는구나.

鳥	喧	蛇	登	樹
새 조	지껄일훤	뱀 사	오를등	나무수

鳥喧蛇登樹(조훤사등수) : 새가 지저귀면 나무위로 뱀이 기어오르고,

犬	吠	客	到	門
개 견	개짖을폐	손 객	이를도	문 문

犬吠客到門(견폐객도문) : 개가 짖어댐은 손님이 문간에 왔음을 알리는 것이로다.

風風凤 **風** 几凡風風 바람풍	来来耒 **來** 十才来來 올 래	水水氺 **水** 亅才水水 물 수	面面西 **面** 兀而面面 얼굴면	嚬嚬嚬 **嚬** 口吖吘嚬 잦을빈

風來水面嚬(풍래수면빈) : 바람이 불면 수면은 찰랑대고,

雨雨ㅎ **雨** 丆帀雨雨 비 우	霽霽霁 **霽** 雨雰霏霽 비개일제	雲雲云 **雲** 干乐雲雲 구 름 운	始始刟 **始** ㄥ女女始 비로소시	散散散 **散** 艹肯肯散 흩어질산

雨霽雲始散(우제운시산) : 비가 그치면 구름이 흩어진다.

石石石 **石** 一丆石石 돌 석	蹲蹲蹲 **蹲** 𧾷𧿘蹲蹲 걸터앉을준	壯壯壮 **壯** 丬爿壯壯 장 사 장	士士士 **士** 一十士 선 비 사	拳拳拳 **拳** ⺍夫岑拳 주 먹 권

石蹲壯士拳(석준장사권) : 돌이 언덕위에 있는 모양이 장사의 주먹 같고,

峰峰峰 **峰** 岁岁峯峯 봉우리봉	尖尖尖 **尖** 亅小少尖 뾰쪽할첨	文文文 **文** 亠亠亣文 글 월 문	章章章 **章** 立音音章 글 월 장	筆筆筆 **筆** 竹筝筆筆 붓 필

峰尖文章筆(봉첨문장필) : 산봉우리가 뾰쪽하니 글을 쓸 때의 붓과 같도다.

高高方 **高** 亠声高高 높을고	峰峰峰 **峯** 夆夆夆奉 봉우리봉	撑撑撑 **撑** 扌扩扩撑 버틸탱	天天天 **天** 一二于天 하늘천	立立立 **立** 亠亠立立 설 립

高峯撑天立(고봉탱천립) : 높은 산봉우리는 하늘을 기둥으로 버틴 것 같고,

長長長 **長** 丨丨長長 길 장	江江江 **江** 氵氵汀江 강 강	割割割 **割** 宀宝害割 나눌할	地地地 **地** 土圵地地 땅 지	去去去 **去** 十土去去 갈 거

長江割地去(장강할지거) : 길고긴 강은 대지를 베고 가는 것 같도다.

野野野 **野** 野野野野 들 야	廣廣廣 **廣** 广庐廣廣 넓을광	天天天 **天** 一二于天 하늘천	低低低 **低** 广庐底底 낮을저	樹樹樹 **樹** 扌桂樹樹 나무수

野廣天低樹(야광천저수) : 대지는 넓고넓어 하늘이 나무아래 있는 것 같고,

江江江 **江** 氵氵汀江 강 강	清清清 **清** 氵清清清 맑을청	月月月 **月** 丿月月月 달 월	近近近 **近** 丆斤沂近 가까울근	人人人 **人** 丿人 사람인

江清月近人(강청월근인) : 강물이 맑고 푸르니 강속의 달이 사람 가까이 있는 것 같구나.

鳥	宿	池	邊	樹
广户鳥鳥	广宀宿宿	氵汁池	丶身邊	广楮樹樹
새 조	잘 숙	못 지	가 변	나무 수

鳥宿池邊樹(조숙지변수) : 새는 저수지 언덕에 있는 나무에서 잠을 자고,

僧	鼓	月	下	門
广佾僧僧	吉責鼓鼓	丿月月月	一丁下	門門門門
중 승	두드리고	달 월	아래 하	문 문

僧鼓月下門(승고월하문) : 절에 있는 스님은 달빛 아래서 북을 치는구나.

水	鳥	浮	還	沒
丿才水水	广户鳥鳥	氵浮浮浮	罒還	氵沪汐沒
물 수	새 조	뜰 부	돌아올환	잠길 몰

水鳥浮還沒(수조부환몰) : 물새들은 물에 떴다가 다시 잠기는 놀이를 하고,

山	雲	斷	復	連
丨山山	一雪雲雲	斷斷斷	彳广得復	車連連
뫼 산	구름 운	끊어질단	다시 부	연할 연

山雲斷復連(산운단부연) : 산위에 있는 구름은 이어졌다 끊기고 다시 이어지는구나.

棹棹棹	穿穿穿	波波皮	底底底	月月彡
棹	穿	波	底	月
木 杧 棹 棹	宀 宛 穿 穿	氵 汈 浐 波	庀 庐 底 底	丿 刀 月 月
노저을도	뚫을천	물결파	밑 저	달 월

棹穿波底月(도천파저월) : 배를 젓는 노는 파도 아래 달을 뚫으며,

船船舩	壓压厒	水水氺	中中中	天天彡
船	壓	水	中	天
月 月 舩 船	厂 厍 厭 壓	亅 才 水 水	丨 冂 口 中	一 二 于 天
배 선	누를압	물 수	가운데중	하늘천

船壓水中天(선압수중천) : 물위에 뜬 배는 물속에 있는 하늘을 누르도다.

世世쓰	事事尹	琴琴琴	三三乞	尺尺乁
世	事	琴	三	尺
十 卅 卅 世	㣺 㘝 㗊 事	丆 珡 瑟 琴	一 二 三	㇇ 尸 尺
세 상 세	일 사	거문고금	석 삼	자 척

世事琴三尺(세사금삼척) : 세상의 모든 일은 거문고 석자로 뜻하고,

生生生	涯涯泩	酒酒酒	一一一	盃盃盃
生	涯	酒	一	盃
丿 牛 牛 生	氵 泙 浘 涯	沂 洒 酒 酒	一	丆 丕 不 盃
날 생	물가애	술 주	한 일	잔 배

生涯酒一盃(생애주일배) : 인생의 생활은 술 한 잔으로 보내도다.

30

西	亭	江	上	月
서녁서	정자정	강 강	위 상	달 월

西亭江上月(서정강상월) : 서쪽 정자 앞에 강이 흐르고 달은 물위에 떠 있으며,

東	閣	雪	中	梅
동녘동	집 각	눈 설	가운데중	매화매

東閣雪中梅(동각설중매) : 동쪽에 있는 정자 앞뜰에 설중매가 아름답게 피었다.

讀	書	爲	貴	人
읽을독	글 서	될 위	귀할귀	사람인

讀書爲貴人(독서위귀인) : 글을 열심히 배우고 익히면 위대한 사람이 되고,

不	學	作	農	夫
아니불	배울학	지을작	농사농	사내부

不學作農夫(불학작농부) : 배우지 않으면 세상에 쓸모없는 사람이 되는구나.

惜惜惜 惜 十 忄忄惜惜 애석석	花花艺 花 艹 艹花花 꽃 화	愁愁愁 愁 禾 禾 秋愁 근심수	夜夜祝 夜 亠夜夜夜 밤 야	雨雨る 雨 一币币雨雨 비 우

惜花愁夜雨(석화수야우) : 꽃을 아끼는 마음은 어젯밤 비를 원망하고,

病病病 病 广广病病 병들병	酒酒酒 酒 氵沂酒酒酒 술 주	怨怨怨 怨 夕夕夗怨 원망원	春春为 春 二 夫 春春 봄 춘	鶯鶯莺 鶯 艹 艹 鶯鶯 꾀꼬리앵

病酒怨春鶯(병주원춘앵) : 봄꾀꼬리가 원망스러워 술병에 걸렸구나.

王五七 五 一 丁五五 다 섯오	夜夜祝 夜 亠夜夜夜 밤 야	燈燈燈 燈 火火燈燈 등 잔등	前前芍 前 广广前前 앞 전	晝晝ま 晝 聿聿書書 낮 주

五夜燈前晝(오야등전주) : 길은 밤이라도 등잔불 앞에서는 낮과 같고,

六六六 六 亠亠六六 여섯육	月月る 月 丿月月月 달 월	亭亭亭 亭 亠亩亩亭 정자정	下下六 下 一 丁下 아래하	秋秋秋 秋 千禾禾秋 가을추

六月亭下秋(유월정하추) : 유월 여름이지만 정자위에 앉으니 가을같이 시원하다.

鳧	耕	蒼	海	去
鳥鳥鳧鳧	丰耒耒耕	汁汼沧滄	汇汇海海	十土去去
오리부	갈 경	푸를창	바다해	갈 거

鳧耕蒼海去(부경창해거) : 물오리가 바다를 헤엄치는 것은 밭을 가는 것 같고,

鷺	割	靑	山	來
ᚋ 路鷺鷺	中宝害割	丰青青青	丨 山山	十才夾來
백로노	벨 할	푸를청	뫼 산	올 래

鷺割靑山來(노할청산래) : 백로가 날아오는 모습은 청산을 베고 오는 것 같구나.

怒	虎	誠	難	犯
女 奴怒怒	亠广庐虎	訂訛誠誠	蕚莫難難	犭犭犯犯
성낼노	호랑이호	정성성	어려울난	범할범

怒虎誠難犯(노호성난범) : 성난 호랑이는 결코 범하면 아니되고,

飢	狗	走	隣	家
ᚋ 𩙿𩙿飢飢	犭犭狗狗	土キ井走	阝阝隣隣	宀宁家家
주릴기	개 구	달릴주	이웃린	집 가

飢狗走隣家(기구주인가) : 굶주린 개는 이웃집으로 달려가느니라.

栗栗栗	黃黃黃	鼯鼯鼯	來来来	拾拾拾
栗	**黃**	**鼯**	**來**	**拾**
亠襾栗	艹芇带黃	凡凪凪鼯	十米來來	扌扲拾拾
밤 률	누를황	박쥐오	올 래	주을습

栗黃鼯來拾(율황오래습) : 밤이 익으면 박쥐들이 와서 따먹고,

柿柿柿	紅紅紅	兒兒兒	上上上	摘摘摘
柿	**紅**	**兒**	**上**	**摘**
木𣏕柿柿	幺糸紅紅	臼兒	一十上	扩拤摘摘
감 시	붉을홍	아이아	위 상	딸 적

柿紅兒上摘(시홍아상적) : 감이 빨갛게 익으면 아이들이 와서 따먹는구나.

日日日	暮暮暮	蒼蒼蒼	山山山	遠遠遠
日	**暮**	**蒼**	**山**	**遠**
丨冂日日	茻莫莫暮	艹苍荅蒼	丨山山	吏袁袁遠
날 일	저물모	푸를창	뫼 산	멀 원

日暮蒼山遠(일모창산원) : 날이 저무니 푸른 산은 멀리 보이고,

天天天	寒寒寒	白白白	屋屋屋	貧貧貧
天	**寒**	**白**	**屋**	**貧**
一二天天	宀室寒寒	丿冂白	尸戸屋	分𠔉貧
하늘천	찰 한	흰 백	집 옥	가난할빈

天寒白屋貧(천한백옥빈) : 겨울날씨가 쌀쌀하니 마을의 집들이 쓸쓸하게 보이는구나.

雨雨雨	脚脚脚	尺尺尺	天天天	地地地
雨	脚	尺	天	地
一一雨雨雨	月胖胖脚	一尸尺	一二天天	一圤圤地地
비 우	다리각	자 척	하늘천	땅 지

雨脚尺天地(우각척천지) : 비가 내리는 것은 하늘과 땅을 자로 재려는 것 같고,

雷雷雷	聲聲聲	叱叱叱	江江江	山山山
雷	聲	叱	江	山
一雷雷雷雷	声殸聲聲	口口叱叱	氵广江江	丨山山
번개뢰	소리성	꾸짖을질	강 강	뫼 산

雷聲叱江山(뇌성질강산) : 우뢰소리는 강산을 호령하는 것 같도다.

山山山	雨雨雨	夜夜夜	鳴鳴鳴	竹竹竹
山	雨	夜	鳴	竹
丨山山	一一雨雨雨	广夜夜夜	吖鳴鳴鳴	亻竹竹竹
뫼 산	비 우	밤 야	울 명	대 죽

山雨夜鳴竹(산우야명죽) : 밤에 비가 오니 대나무가 우는 것 같고,

草草草	蟲蟲蟲	秋秋秋	入入入	床床床
草	虫	秋	入	床
艹芍苩草	中虫虵蟲	千禾禾秋	丿入	广户庁床
풀 초	벌레충	가을추	들 입	평상상

草虫秋入床(초충추입상) : 가을이 오면 벌레들은 마루 밑으로 모이는구나.

歲	去	人	頭	白
严 严 歲 歲	十 土 去 去	丿 人	豆 豇 頭 頭	丿 竹 白
해 세	갈 거	사람인	머리두	흰 백

歲去人頭白(세거인두백) : 세월이 가면 사람의 머리가 희어지고,

秋	來	樹	葉	黃
千 禾 利 秋	十 才 來 來	扩 柿 樹 樹	芏 華 葉	芊 芑 荂 黃
가을추	올 래	나무수	잎 엽	누를황

秋來樹葉黃(추래수엽황) : 가을이 오니 나뭇잎은 자연히 누렇게 변색되도다.

洞	深	花	意	懶
汀 汩 洞 洞	广 沪 浧 深	艹 艿 花 花	芏 音 意 意	忄 悚 懶 懶
골 동	깊을심	꽃 화	뜻 의	게으를뢰

洞深花意懶(동심화의뢰) : 깊은 골짜기에 피는 꽃은 계절을 잘 모르고,

山	疊	水	聲	幽
丨 山 山	畾 品 畾 疊	丿 才 才 水	声 殸 殸 聲	丝 幺 幽 幽
뫼 산	거듭첩	물 수	소리성	적을유

山疊水聲幽(산첩수성유) : 산이 깊으면 물소리는 잔잔하게 고요히 들리도다.

群群群	星星星	陣陣陣	碧碧碧	天天天
群	星	陣	碧	天
尹 尹 群 群	日 早 犀 星	阝 阝 阵 陣	珁 珀 碧 碧	一 二 天 天
무리군	별 성	진칠진	푸를벽	하늘천

群星陣碧天(군성진벽천) : 하늘에 있는 많은 별들은 푸른 하늘에 진을 친 것 같고,

落落落	葉葉葉	戰戰戰	秋秋秋	山山山
落	葉	戰	秋	山
艹 茨 落 落	艹 芦 莘 葉	亘 罩 戰 戰	千 禾 利 秋	丨 山 山
떨어질락	잎 엽	싸울전	가을추	뫼 산

落葉戰秋山(낙엽전추산) : 나뭇잎 떨어지니 가을산에 병사들이 전쟁하는 것 같구나.

靜靜靜	裡裡裡	乾乾乾	坤坤坤	大大大
靜	裡	乾	坤	大
青 圹 靜 靜	衤 衤 裡 裡	古 車 軯 乾	土 坤 坤 坤	一 ナ 大
고요할정	속 리	하늘건	땅 곤	큰 대

靜裡乾坤大(정리건곤대) : 고요할 때는 하늘과 땅이 거대한 우주인 것을 알고,

閑閑閑	中中中	日日日	月月月	長長長
閑	中	日	月	長
阝 門 門 閑	丨 口 口 中	丨 冂 日 日	丿 刀 月 月	阝 長 長 長
한가할한	가운데중	날 일	달 월	길 장

閑中日月長(한중일월장) : 너무나 한가하면 세월은 무척 긴 것 같도다.

白 白 白	酒 酒 酒	紅 紅 紅	人 人 人	面 面 面
丿 宀 白	氵 泗 酒 酒	幺 糸 紅 紅	丿 人	丆 而 面 面
흰 백	술 주	붉을 홍	사 람 인	얼굴 면

白酒紅人面(백주홍인면) : 술 빛깔은 희지만 사람이 마시면 얼굴이 빨개지고,

黃 黃 黃	金 金 金	黑 黑 黑	吏 吏 吏	心 心 心
艹 莳 黃 黃	亼 仐 仐 金	田 甲 里 黑	一 𠀾 吏 吏	丶 心 心 心
누를 황	쇠 금	검을 흑	아 전 이	마음 심

黃金黑吏心(황금흑이심) : 황금은 관리의 마음을 검게 만들기 쉽도다.

男 男 男	奴 奴 奴	負 負 負	薪 薪 薪	去 去 去
口 田 毘 男	乆 女 奴 奴	丿 𠂊 𠂎 負	艹 薪 薪 薪	十 圥 去 去
남 자 남	남자종노	질 부	나 무 신	갈 거

男奴負薪去(남노부신거) : 하인은 나무를 해서 지고 가며,

女 女 女	婢 婢 婢	汲 汲 汲	水 水 水	來 來 來
乆 女 女	女 奻 婢 婢	氵 汀 汲 汲	丿 刁 才 水	十 朿 來 來
계 집 녀	여자종비	물길을급	물 수	올 래

女婢汲水來(여비급수래) : 하녀는 물동이 이는 일을 하도다.

家	貧	思	賢	妻
宀宇家家	分分省貧	田田思思	賢賢賢	丰妻妻妻
집 가	가난할빈	생 각 사	어 질 현	아내 처

家貧思賢妻(가빈사현처) : 집이 가난할수록 어진 아내를 생각하고,

國	亂	思	良	相
同國國國	宀舟禹亂	田田思思	彐彐自良	木机相相
나 라 국	어지러울란	생 각 사	어 질 량	재 상 상

國難思良相(국난사양상) : 나라가 어지러울수록 어질고 양심있는 재상을 생각하도다.

碧	海	黃	龍	宅
珏珀碧碧	氵汇沍海	艹芇芇黃	竜竜龍龍	宀宁宅宅
푸를벽	바 다 해	누 를 황	용 룡	집 택

碧海黃龍宅(벽해황룡택) : 푸른 바다는 황룡의 집이 되고,

靑	松	白	鶴	樓
丰青青青	木朾松松	亻冂白	鈩鈩鶴鶴	柈樓樓樓
푸를청	소나무송	흰 백	학 학	집 루

靑松白鶴樓(청송백학루) : 푸른 소나무는 흰학이 집으로 삼는도다.

露露露	凝凝凝	千千千	片片片	玉玉玉
露	凝	千	片	玉
一乢乢露	广涉涉凝	一二千	ノノ广片	一干王玉
이슬 로	엉길 응	일천 천	조각 편	구슬 옥

露凝千片玉(노응천편옥) : 이슬이 맺히니 천가지 구슬 모양이고,

菊菊菊	散散散	一一一	叢叢叢	金金金
菊	散	一	叢	金
一艻芍菊	昔昔肯散	一	⺌丵丵叢	合仐仐金
국화 국	헤어질산	한 일	모을 총	쇠 금

菊散一叢金(국산일총금) : 국화가 만발하니 황금이 모여서 쌓인 것 같구나.

水水水	去去去	不不不	復復復	回回回
水	去	不	復	回
ノオオ水	十土去去	一ア不不	彳彳徇復	冂冋冋回
물 수	갈 거	아니 불	다시 부	돌아올회

水去不復回(수거부부회) : 물은 한번 흘러가면 다시 돌아오지 않고,

言言言	出出出	難難難	更更更	收收收
言	出	難	更	收
一言言言	屮屮出出	堇莫對難	一百更更	丬屮屮收
말씀 언	날 출	어려울난	다시 갱	거둘 수

言出難更收(언출난갱수) : 말은 한번 하면 다시 거둘 수 없도다.

脫脫挩	冠冠冠	翁翁翁	頭頭頭	白白白
脫	冠	翁	頭	白
月 胖 胖 脫	冖 元 冠 冠	公 夯 夯 翁	豆 豆 頭 頭	丿 白 白
벗을 탈	모자 관	늙을 옹	머리 두	흰 백

脫冠翁頭白(탈관옹두백) : 노인이 머리에 쓴 관을 벗으니 백발이고,

開開開	襟襟襟	女女女	乳乳乳	圓圓圓
開	襟	女	乳	圓
門 門 門 開	衤 神 神 襟	人 女 女	爪 孚 孚 乳	門 圓 圓 圓
열 개	옷섶 금	계집 녀	젖 유	둥글 원

開襟女乳圓(개금여유원) : 여자가 옷깃을 여니 유방이 둥글고 아름답구나.

月月月	爲爲爲	無無无	柄柄柄	扇扇扇
月	爲	無	柄	扇
丿 刀 月 月	爪 夯 爲 爲	二 無 無 無	木 杧 柄 柄	尸 戸 扇 扇
별 성	할 위	없을 무	자루 병	부채 선

月爲無柄扇(월위무병선) : 반달을 보니 자루 없는 부채같고,

星星星	作作作	絕絕絕	纓纓纓	珠珠珠
星	作	絕	纓	珠
日 旦 星 星	亻 亻 作 作	糹 紀 紀 絕	糹 紉 紉 纓	王 珒 珒 珠
별 성	지을 작	끊을 절	갓끈 영	구슬 주

星作絕纓珠(성작절영주) : 하늘의 별은 마치 흩어진 진주구슬 같구나.

馬馬馬	行行行	駒駒駒	隨隨隨	後後後
馬	行	駒	隨	後
厂厂馬馬	彳彳行	馬馬駒駒	阝阝隋隨	彳彳彳後
말 마	다닐행	망아지구	따를수	뒤 후

馬行駒隨後(마행구수후) : 말이 앞장서니 망아지가 따라가고,

牛牛牛	耕耕耕	犢犢犢	臥臥臥	原原原
牛	耕	犢	臥	原
ノ 一 二 牛	丰 丰 耒 耕	牜 牜 犢 犢	厂 戸 臣 臥	厂 厂 原 原
소 우	갈 경	송아지독	눌 와	언덕원

牛耕犢臥原(우경독아원) : 소가 밭을 갈고 있으니 송아지는 들판에 누워 있도다.

月月月	作作作	雲雲雲	間間間	鏡鏡鏡
月	作	雲	間	鏡
ノ 月 月	彳 亻 作 作	乐 乐 雲 雲	阝 門 門 間	釒 鏱 鏡 鏡
달 월	지을작	구름운	사이간	거울경

月作雲間鏡(월작운간경) : 달이 뜨니 구름사이의 거울처럼 보이고,

風風風	爲爲爲	竹竹竹	裡裡裡	琴琴琴
風	爲	竹	裡	琴
几 凤 風 風	一 厂 爲 爲	ノ 亻 竹 竹	衤 衤 裡 裡	丟 珡 珡 琴
바람풍	될 위	대 죽	속 리	거문고금

風爲竹裡琴(풍위죽리금) : 바람이 부니 배나무 사이에서 거문고 소리가 나는구나.

綠綠綠 **綠** 糸 糸 絆 綠 푸를록	水水水 **水** 亅 才 才 水 물 수	鷗鷗鷗 **鷗** 臼 臼 鷗 鷗 갈매기구	前前前 **前** 广 广 前 前 앞 전	鏡鏡鏡 **鏡** 釒 釒 鐱 鏡 거울경

綠水鷗前鏡(녹수구전경) : 맑은 물은 갈매기의 거울이고,

青青青 **青** 圭 青 青 青 푸를 청	松松松 **松** 才 朴 松 松 소나무송	鶴鶴鶴 **鶴** 隺 鶮 鶴 鶴 학 학	後後後 **後** 彳 径 径 後 뒤 후	屏屏屏 **屏** 尸 屏 屏 屏 병풍병

青松鶴後屏(청송학후병) : 푸른 소나무는 학을 위하여 병풍을 만드는구나.

花花花 **花** 艹 艹 花 花 꽃 화	落落落 **落** 艹 茫 落 落 떨어질락	憐憐憐 **憐** 广 忭 忭 憐 가련할련	不不不 **不** 一 丁 才 不 아 니 불	掃掃掃 **掃** 扩 护 掃 掃 쓸 소

花落憐不掃(화락련불소) : 꽃이 떨어지니 너무도 애련하여 차마 쓸지 못하겠고,

月月月 **月** 亅 刀 月 月 달 월	明明明 **明** 日 明 明 明 밝을명	愛愛愛 **愛** 爫 恐 愛 愛 사랑 애	無無無 **無** 亠 無 無 無 없을무	眠眠眠 **眠** 目 盱 昡 眠 잘 면

月明愛無眠(월명애무면) : 달이 휘영청 밝아 좀체로 잠들 수가 없구나.

柳柳柳	色色も	黃黃芰	金金釜	嫩嫩姚
柳	色	黃	金	嫩
栁栁栁柳	夕夕色色	芇芇莆黃	今今余金	女媡媡嫩
버들류	빛 색	누를황	쇠 금	고을눈

柳色黃金嫩(유색황금눈) : 버드나무 빛깔은 황금같이 요염한 빛을 내고,

梨梨梨	花花む	白白白	雪雪雪	香香杳
梨	花	白	雪	香
禾利梨梨	芇芓花花	丿勹白	雱雪雪雪	千禾香香
배 이	꽃 화	흰 백	눈 설	향기향

梨花白雪香(이화백설향) : 배나무꽃은 흰 눈과 같이 희고 향기롭도다.

月月彡	移移移	山山山	影影影	改改改
月	移	山	影	改
丿月月	禾移移移	丨屮山	旦景景影	己己改改
달 월	옮길이	뫼 산	그림자영	바꿀개

月移山影改(월이산영개) : 달이 옮기면 산그림자가 자주 바뀌고,

日日日	下下下	樓樓樓	痕痕痕	消消消
日	下	樓	痕	消
丨冂日日	一丅下	椙樓樓樓	广疒痕痕	氵沪消消
해 일	아래하	집 루	흔적흔	쓸 소

日下樓痕消(일하누흔소) : 해가 지면 집그림자는 흔적이 없구나.

44

鳥鳥鳥	飛飛飛	枝枝枝	二二二	月月月
鳥	飛	枝	二	月
厂臼鳥鳥	下飛飛飛	木杧杖枝	一二	丿月月
새 조	날 비	가지 지	둘 이	달 월

鳥飛枝二月(조비지이월) : 새가 나뭇가지에 앉았다가 팔락팔락 날아가고,

風風風	吹吹吹	葉葉葉	八八八	分分分
風	吹	葉	八	分
几凩風風	口吹吹吹	華華葉	丿八	丿八分分
바람 풍	불 취	잎 엽	여덟 팔	나눌 분

風吹葉八分(풍취엽팔분) : 바람이 불면 팔랑팔랑 나무잎이 휘날리는구나.

天天天	長長長	去去去	無無無	執執執
天	長	去	無	執
一二干天	長長長長	十土去去	無無無無	執執執
하늘 천	길 장	갈 거	없을 무	잡을 집

天長去無執(천장거무집) : 하늘은 높고 멀어 가서 잡을 수가 없고,

花花花	老老老	蝶蝶蝶	不不不	來来来
花	老	蝶	不	來
花花花	土耂老老	虫虫蝶蝶	一丁不不	十才來來
꽃 화	늙을 로	나비 접	아니 불	올 래

花老蝶不來(화로접불래) : 꽃이 시들면 나비는 오지 않는도다.

短短短	池池地	孤孤孤	草草荤	長長長
短	池	孤	草	長
矢 矩 短 短	氵 沪 池 池	孑 犷 孤 孤	艹 芦 苷 草	阝 투 투 長
짧을단	못 지	외로울고	풀 초	길 장

短池孤草長(단지고초장) : 작은 못에는 풀이 많이 자라지 못하고,

通通通	市市方	求求求	利利初	來來來
通	市	求	利	來
甬 甬 涌 通	亠 广 方 市	寸 寸 求 求	千 禾 利 利	十 广 中 來
통할통	저자시	구할구	이로울리	올 래

通市求利來(통시구리래) : 큰 시장에는 장사꾼이 많이 모여들도다.

好好好	博博倅	閑閑阆	忘忘乱	宅宅乇
好	博	閑	忘	宅
乚 女 奵 好	忄 博 愽 博	门 門 門 閑	亡 产 忘 忘	宀 宀 宅 宅
좋을호	도박박	한가할한	잊을망	집 택

好博閑忘宅(호박한망택) : 도박을 좋아하면 집안 일에는 관심이 없어지고,

看看有	章章孚	細細细	覺覺兑	情情情
看	章	細	覺	情
丞 手 看 看	产 音 章 章	糸 紺 細 細	臼 餠 磐 覺	忄 愽 情 情
볼 간	글 장	가늘세	생각할각	뜻 정

看章細覺情(간장세각정) : 학문을 닦으려면 작은 일에 관심을 두지 말아야 하는도다.

46

無無も	水水水	立立立	沙沙沙	鷗鷗鷗
無	水	立	沙	鷗
烆 無 無 無	丿 刁 汀 水	亠 亠 立	汀 沪 沙 沙	臼 臼 鷗 鷗
없을무	물 수	설 립	모래사	갈매기구

無水立沙鷗(무수입사구) : 물이 없는 모래사장에 갈매기는 서 있고,

排排挑	草草子	失失失	家家家	蟻蟻蟻
排	草	失	家	蟻
扌 扚 抖 排	艹 芇 芇 草	亠 仁 步 失	宀 宇 家 家	虫 虸 蛑 蟻
아니배	풀 초	잃을실	집 가	개미의

排草失家蟻(배초실가의) : 풀이 없어지니 개미는 집을 잃어버리는구나.

花花む	作作化	娼娼娼	女女女	態態態
花	作	娼	女	態
艹 芐 花 花	亻 仁 竹 作	女 妠 妲 娼	人 女 女	广 能 能 態
꽃 화	지을작	아름다운창	계집녀	모양태

花作娼女態(화작창녀태) : 아름다운 꽃은 미인의 얼굴모양이고,

松松松	守守守	丈丈丈	夫夫夫	心心心
松	守	丈	夫	心
朳 朳 松 松	宀 宀 守 守	一 ナ 丈	一 二 丰 夫	丶 心 心 心
소나무송	지킬수	장부장	사내부	마음심

松守丈夫心(송수장부심) : 소나무는 군자의 절개를 상징하니 장부 마음을 지키도다.

月月月 月 丿月月 달 월	到到到 到 エ子至到 이를도	天天天 天 一二テ天 하늘천	心心心 心 丶心心心 마음심	處處處 處 广产虎處 곧 처

月到天心處(월도천심처) : 달은 하늘 가운데서 그 빛을 밝게 하고,

風風風 風 几凡凬風 바람풍	來來來 來 十才办來 올 래	水水水 水 丿才水水 물 수	面面面 面 丙而面面 얼굴면	時時時 時 日旷時時 때 시

風來水面時(풍래수면시) : 바람이 부는 것은 수면이 먼저 아는도다.

一一一 一 一 한 일	般般般 般 月舟舯般 많을반	清清清 清 汁清清清 맑을청	意意意 意 立咅意意 뜻 의	味味味 味 旷吽咮味 맛 미

一般清意味(일반청의미) : 장부의 마음은 항상 뜻을 맑게 하여야 하고,

料料料 料 十米米料 셀 요	得得得 得 彳但得得 얻을득	少少少 少 丿小小少 젊을소	人人人 人 丿人 사람인	和知知 知 レ上矢知 알 지

料得少人知(요득소인지) : 물욕에 젖어 돈을 욕심내니 소인임을 알겠도다.

48

馬馬馬	行行行	千千千	里里里	路路路
馬	行	千	里	路
厂厂馬馬	彳行行	一二千	曰甲甲里	足趵路路
말 마	다닐행	일천천	마을리	길 로

馬行千里路(마행천리로) : 말은 천리길을 달릴 수 있는 걸음이 있고,

牛牛牛	耕耕耕	百百百	畝畝畝	田田田
牛	耕	百	畝	田
ノヒ二牛	丰耒耒耕	一丁丙百	亠亩畝畝	冂卬用田
소 우	갈 경	일백백	밭이랑묘	밭 전

牛耕百畝田(우경백묘전) : 황소는 백묘의 밭을 갈 수 있는 힘이 있도다.

吳吳吳	楚楚楚	東東东	南南南	坼坼坼
吳	楚	東	南	坼
口吕吕吳	林楚梺楚	亘車東東	市丙南南	土圠圹坼
오나라오	초나라초	동녘동	남녘남	벌릴탁

吳楚東南坼(오초동남탁) : 오나라와 초나라는 동쪽과 남쪽으로 벌려 있고,

乾乾乾	坤坤坤	日日日	夜夜夜	浮浮浮
乾	坤	日	夜	浮
亩卓草乾	土坩坦坤	丨冂日日	宀夜夜夜	氵汈浮浮
하늘건	땅 곤	날 일	밤 야	뜰 부

乾坤日夜浮(건곤일야부) : 하늘과 땅은 낮과 밤으로 갈리도다.

月月ㄖ	爲爲ㄅ	大大火	將將將	軍軍軍
月	爲	大	將	軍
ㅣ月月月	宀广爲爲	一ナ大	月 牜 牜 將	冖 冒 宣 軍
달 월	될 위	큰 대	장 수 장	군 인 군

月爲大將軍(월위대장군) : 밤하늘의 달은 대장군과 같고,

星星星	作作作	百百百	萬萬万	師師竹
星	作	百	萬	師
日 旦 旱 星	亻 亻 作 作	一 丆 万 百	芦 萬 萬 萬	ｒ 自 師 師
별 성	지 을 작	일 백 백	일 만 만	군 사 사

星作百萬師(성작백만사) : 별은 백만 군사와 같구나.

靑靑ㄅ	松松松	君君君	子子子	節節節
靑	松	君	子	節
丰 靑 靑 靑	木 朳 松 松	ㄱ ㅋ 尹 君	了 子	竹 竹 節 節
푸 를 청	소나무송	군 자 군	아 들 자	계 절 절

靑松君子節(청송군자절) : 푸른 소나무는 군자의 절개를 상징하고,

綠綠绿	竹竹竹	烈烈烈	女女女	貞貞ㅈ
綠	竹	烈	女	貞
糹 紵 紵 綠	亻 个 竹 竹	歹 列 列 烈	人 女 女	宀 片 自 貞
푸 를 록	대나무죽	빛 날 열	계 집 녀	곧 을 정

綠竹烈女貞(녹죽열녀정) : 푸른 대나무는 열녀의 정절을 뜻하도다.

林林林	風風凨	涼涼凉	不不ふ	絶絶免
林	風	涼	不	絶
十木村林	凡凩風風	氵沪泸涼	一丆不不	糸紀紒絶
수 풀 림	바 람 풍	서 늘 량	아 니 불	끊 을 절

林風涼不絶(임풍량부절) : 수풀 사이에 부는 바람은 서늘하고,

山山山	月月ろ	曉曉嘵	仍仍仍	明明明
山	月	曉	仍	明
丨山山	丿月月月	日旷暁曉	丿亻仍仍	日月明明
뫼 산	달 월	새 벽 요	거 듭 잉	밝 을 명

山月曉仍明(산월요잉명) : 산에 걸려 있는 달은 새벽에 밝도다.

大大火	旱旱旱	得得㣟	甘甘甘	雨雨ろ
大	旱	得	甘	雨
一ナ大	冂日旦旱	彳律得得	十廿廿甘	冖币雨雨
큰 대	가 물 한	얻 을 득	달 감	비 우

大旱得甘雨(대한득감우) : 오랫동안 비가 오지 않다가 단비를 만나니,

他他也	鄉鄉て	逢逢逢	故故㪅	人人人
他	鄉	逢	故	人
亻仆仲他	乡乡乡鄉	夆夆逄逢	古古故故	丿人
다 를 타	마 을 향	만 날 봉	옛 고	사 람 인

他鄉逢故人(타향봉고인) : 타향에서 옛친구를 만난것 같도다.

白白白	日日日	莫莫旲	虛虛虛	送送送
白	日	莫	虛	送
′冖白	丨冂冃日	艹莒莫莫	虍虗虛虛	亠癸浂送
흰 백	날 일	없을 막	빌 허	보낼 송

白日莫虛送(백일막허송) : 세월을 뜻없이 보내지 말고 열심히 공부해야 하나니,

青青青	春春夫	不不ふ	再再再	來来来
青	春	不	再	來
龶青青青	二夫寿春	一ア不不	冂而再再	十𠂇來來
푸를 청	봄 춘	아니 불	다시 재	올 래

青春不再來(청춘부재래) : 젊은 시절은 두번 다시 오지 않는도다.

日日日	出出出	扶扶扶	桑桑桑	路路路
日	出	扶	桑	路
丨冂冃日	屮中出出	扌扩扶扶	叒叒桒桑	𧾷𧾷跦路
해 일	날 출	붙잡을부	해돋을상	길 로

日出扶桑路(일출부상로) : 해는 부상에서 솟아오르고,

暮暮暮	入入入	若若若	木末木	枝枝枝
暮	入	若	木	枝
莔莫莫暮	丿入	艹艿若若	一十才木	木杧枝枝
저물 모	들 입	같을 약	나무 목	가지 지

暮入若木枝(모입약목지) : 질 때는 나무가지 위로 넘어가는 것 같구나.

燕燕燕	語語語	彫彫彫	樑樑樑	晩晩晩
燕	語	雕	樑	晩
甘甘燕燕	訂訒語語	月月彫彫	扌杧樑樑	日旷晩晩
제 비 연	말 씀 어	독수리조	들 보 양	저 녁 만

燕語雕樑晩(연어조양만) : 제비가 처마에서 우는 것은 독수리가 노리기 때문이요,

鶯鶯鶯	啼啼啼	綠綠綠	樹樹樹	深深深
鶯	啼	綠	樹	深
艸艸鶯鶯	口哼啼啼	糸糸紓綠	柞桔樹樹	氵沪泙深
꾀꼬리앵	울 제	푸 를 록	나 무 목	깊 을 심

鶯啼綠樹深(앵제녹수심) : 꾀꼬리가 우는 것은 숲이 우거졌기 때문이니라.

山山山	深深深	然然然	後後後	寺寺寺
山	深	然	後	寺
丨山山	氵沪泙深	夕妖妖然	彳彳彳後後	土丰寺寺
뫼 산	깊 을 심	그대로연	뒤 후	절 사

山深然後寺(산심연후사) : 깊은 산속에 절이 있고,

花花花	落落落	以以以	前前前	春春春
花	落	以	前	春
艹艹花花	氵茨落落	レ以以以	疒疒前前	三夫春春
꽃 화	떨어질락	써 이	앞 전	봄 춘

花落以前春(화락이전춘) : 꽃이 떨어지지 않으니 아직 봄이구나.

猿猿猿 **猿** 犭犷猹猿 원숭이원	嘯嘯嘯 **嘯** ㅣㅁ口吽嘯 휘파람소	風風風 **風** 几凡風風 바 람 풍	中中中 **中** ㅣㄇ口中 가운데중	斷斷斷 **斷** 㡭㡭斷斷 끊어질단

猿嘯風中斷(원소풍중단) : 원숭이 울음소리가 바람소리에 끊어지고,

漁漁漁 **漁** 氵氿漁漁 고기잡을어	歌歌歌 **歌** 可哥歌歌 노 래 가	月月月 **月** 丿刀月月 달 월	下下下 **下** 一丁下 아 래 하	聞聞聞 **聞** 門門聞聞 들 을 문

漁歌月下聞(어가월하문) : 어부의 노래소리가 달빛아래서 들리는도다.

山山山 **山** ㅣ山山 뫼 산	鳥鳥鳥 **鳥** 广户鳥鳥 새 조	下下下 **下** 一丁下 아 래 하	廳廳廳 **廳** 厃庍庍廳 마 루 청	舍舍舍 **舍** ㅅ今舍舍 집 사

山鳥下廳舍(산조하청사) : 산새가 집안 대청에 내려오고,

添添添 **添** 氵添添添 기 슭 첨	花花花 **花** 艹艹花花 꽃 화	落落落 **落** 艹茨落落 떨어질락	酒酒酒 **酒** 氵酒酒酒 술 주	中中中 **中** ㅣㄇ口中 가운데중

添花落酒中(첨화락주중) : 첨화에 핀 아름다운 꽃은 술잔에 떨어지는구나.

人人人	分分分	千千千	里里里	外外外
人	分	千	里	外
ノ人	ノ八分分	一二千	日甲甲里	クタ外外
사람인	분수분	일천천	마을리	바깥외

人分千里外(인분천리외) : 친구는 천리 밖에 떨어져 있고,

興興興	在在在	一一一	杯杯杯	中中中
興	在	一	杯	中
门阴阴興	ナナ在在	一	木朾杯杯	丨冂口中
일어날흥	있을재	한 일	잔 배	가운데중

興在一杯中(흥재일배중) : 즐기고 노는 것은 술 한잔 속에 있구나.

掬掬掬	水水水	月月月	在在在	手手手
掬	水	月	在	手
扌扩扚掬	丨才水水	丿月月月	ナナ在在	一二三手
움켜쥘국	물 수	달 월	있을재	손 수

掬水月在手(국수월재수) : 두 손으로 물을 떠보니 달 또한 손 가운데 있고,

弄弄弄	花花花	香香香	滿滿滿	衣衣衣
弄	花	香	滿	衣
丁王王弄	艹艹花花	千禾香香	渵渵滿滿	ナ七衣衣
희롱할롱	꽃 화	향기 향	가득할만	옷 의

弄花香滿衣(농화향만의) : 꽃을 꺾었더니 그 향기가 옷에 가득 배어 있네.

興	來	無	遠	近
일어날흥	올 래	없을무	멀 원	가까울근

興來無遠近(흥래무원근) : 행복이나 즐거움은 멀고 가까운 곳이 없이 오고,

欲	去	惜	芳	菲
하고자할욕	갈 거	애석할석	향 기 방	향기로울비

欲去惜芳菲(욕거석방비) : 가고자 하니 꽃의 향기가 마음을 붙들고 있네.

雲	作	千	層	峰
구 름 운	지 을 작	일 천 천	층 계 층	봉우리봉

雲作千層峰(운작천층봉) : 구름은 천가지나 넘는 층계와 봉우리를 만들고,

虹	爲	百	尺	橋
무지개홍	할 위	일 백 백	자 척	다 리 교

虹爲百尺橋(홍위백척교) : 무지개는 백자나 되는 다리를 만들도다.

56

掃掃掃	地地地	黃黃黃	金金金	出出出
掃	地	黃	金	出
扌扜掃掃	十圠地地	莢莯帯黃	今仐命金	屮屮出出
쓸 소	땅 지	누를황	쇠 금	날 출

掃地黃金出(소지황금출) : 일찍 일어나 땅을 쓸면 황금이 나오고,

開開開	門門門	萬萬萬	福福福	來来来
開	門	萬	福	來
門門門開	門門門門	萬萬萬萬	礻祁福福	十斗夾來
열 개	문 문	일만만	복 복	올 래

開門萬福來(개문만복래) : 새벽에 문을 여니 만가지 복이 쏟아지도다.

洗洗洗	硯硯硯	魚魚魚	呑呑呑	墨墨墨
洗	硯	魚	呑	墨
氵沪泮洗	石矿硍硯	伯佈魚魚	二千天呑	罒甲黑墨
씻을세	벼루연	고기어	삼킬탐	먹 묵

洗硯魚呑墨(세연어탐묵) : 연못가에서 벼루를 씻으니 고기가 먹묵을 삼키고,

烹烹烹	茶茶茶	鶴鶴鶴	避避避	煙煙煙
烹	茶	鶴	避	煙
亠亨亨烹	艹艻苯茶	雚雚鶴鶴	辟辟辟避	火炉煙煙
삶을팽	차 다	학 학	피할피	연기연

烹茶鶴避煙(팽다학피연) : 선경에 차를 다려먹으려 하니 학은 연기 피하여 날아가네.

柳	塘	春	水	漫
柳柳柳	塘塘塘	春春夆	水水永	漫漫漫
丬柯柄柳	土圹圹塘	一夫未春	丿才才水	氵沪沪漫
버들류	못당	봄춘	물수	아득할만

柳塘春水漫(유당춘수만) : 연못가에 버들이 늘어져 있으니 봄물은 천천히 흐르고,

花	塢	夕	陽	遲
花花	塢塢塢	夕夕夕	陽陽陽	遲遲遲
艹艹花花	土圵塢塢	丿夕夕	阝𨺙隅陽	尸犀犀遲
꽃화	산언덕오	저녁석	빛양	더딜지

花塢夕陽遲(화오석양지) : 산등성에 꽃이 만발하니 석양도 더디가는구나.

白	蝶	紛	紛	雪
白白白	蝶蝶蝶	紛紛紛	紛紛紛	雪雪雪
丿冂白	虫虯蛒蝶	糸糹紛紛	糸糹紛紛	帀雪雪雪
흰백	나비접	어지러울분	어지러울분	눈설

白蝶紛紛雪(백접분분설) : 흰나비가 날아가니 흰눈이 내리는 것 같고,

黃	鶯	片	片	金
黃黃黃	鶯鶯鶯	片片片	片片片	金金金
艹莒蒂黃	艹爫鶯鶯	丿丨产片	丿丨产片	亼仐仐金
누를황	꾀꼬리앵	조각편	조각편	황금금

黃鶯片片金(황앵편편금) : 누런 꾀꼬리가 날으니 여러 조각의 황금 쏟아지는 것 같네.

文	章	李	太	白
' 一 ナ 文	立 音 童 章	十 木 李 李	一 ナ 大 太	' 亻 白 白
글월문	글 장	성씨이	클 태	흰 백

文章李太白(문장이태백) : 세상에 글과 시를 잘한 사람 중에서 이태백이 제일이요

筆	法	王	義	之
竹 竺 筝 筆	广 汁 泮 法	一 丁 千 王	羊 羔 義	ン 之
붓 필	법 법	임금왕	기운희	갈 지

筆法王義之(필법왕희지) : 글자를 잘 쓰는 명필가로는 왕희지가 으뜸이로다.

春	意	無	分	別
三 夫 春 春	立 音 意 意	仁 無 無 無	ノ 八 今 分	口 另 另 別
봄 춘	뜻 의	없을무	나눌분	다를별

春意無分別(춘의무분별) : 봄철이 오면 마음은 분별할 수가 없으니,

人	情	有	淺	深
ノ 人	忄 忄 情 情	ナ ナ 有 有	氵 泮 泮 淺	广 氵 浐 深
사 람 인	뜻 정	있 을 유	물얕을천	깊을심

人情有淺深(인정유천심) : 인간의 정은 깊고 얕음이 있구나.

初初初 **初** 彳衤初初 처음초	月月月 **月** 丿刀月月 달 월	將將將 **將** 爿扎护將 장수장	軍軍軍 **軍** 宀冒宣軍 군사군	弓弓弓 **弓** フコ弓弓 활 궁

初月將軍弓(초월장군궁) : 초생달은 장군의 활과 같이 생겼고,

流流流 **流** 广泞泞流 흐를류	星星星 **星** 日旦星星 별 성	壯壯壯 **壯** 爿爿壯壯 장사장	士士士 **士** 一十士 선비사	矢矢矢 **矢** ⺦⺋缶矢 화살시

流星壯士矢(유성장사시) : 먼하늘 별이 흘러가니 장사가 쏘아보낸 화살같도다.

氷氷氷 **氷** 丬才氺氷 얼음빙	解解解 **解** 角觪解解 녹을해	魚魚魚 **魚** 伆伆鱼魚 고기어	初初初 **初** 彳衤初初 처음초	躍躍躍 **躍** 𧾷𧿹𦆌躍 뛸 약

氷解魚初躍(빙해어초약) : 봄철에 얼음이 깨어지니 고기가 먼저 뛰어오르고,

風風風 **風** 几凡風風 바람풍	和和和 **和** 千禾和和 화할화	雁雁雁 **雁** 厂厈雁雁 기러기안	欲欲欲 **欲** 公谷谷欲 욕심욕	歸歸歸 **歸** 𠂤归歸歸 돌아갈귀

風和雁欲歸(풍화안욕귀) : 봄이 오려고 하니 기러기는 북으로 바삐 날아가누나.

60

高 高 高	山 山 山	白 白 白	雲 雲 雲	起 起 起
高	山	白	雲	起
亠 产 高 高	丨 山 山	丿 白 白	千 千 雲 雲	丰 走 起 起
높 을 고	뫼 산	흰 백	구 름 운	일어날기

高山白雲起(고산백운기) : 높은 산에는 흰구름이 하늘 높이 떠오르고,

南 南 南	原 原 原	芳 芳 芳	草 草 草	綠 綠 綠
南	原	芳	草	綠
冂 内 两 南	厂 厈 原 原	艹 芊 芳 芳	艹 芇 苩 草	糸 糽 紆 綠
남 녘 남	언 덕 원	향 기 방	풀 초	푸 를 록

南原芳草綠(남원방초록) : 남쪽 언덕에는 향기로운 풀들이 푸르고 푸르더라.

父 父 父	母 母 母	千 千 千	年 年 年	壽 壽 壽
父	母	千	年	壽
丿 八 少 父	口 口 母 母	一 二 千	勹 仁 乍 年	圭 圭 夆 壽
아버지부	어머니모	일 천 천	해 년	목 숨 수

父母千年壽(부모천년수) : 부모님께서 오래오래 살아계시기를 기원하고,

子 子 子	孫 孫 孫	萬 萬 萬	世 世 世	榮 榮 榮
子	孫	萬	世	榮
了 子	子 孑 孫 孫	苩 萬 萬 萬	十 廿 廿 世	＊ 炏 炏 榮
아 들 자	손 자 손	일 만 만	세 상 세	영 화 영

子孫萬世榮(자손만세영) : 자손들은 만세를 영화롭게 번성하기를 기원하네.

竹竹竹	筍筍筍	尖尖尖	如如如	筆筆筆
竹	筍	尖	如	筆
ノ ィ ゲ 竹	竺 竺 竺 筍	ノ 小 少 尖	ㄠ 女 如 如	竺 筤 篁 筆
대 죽	대나무순	뽀쭉할첨	같을 여	붓 필

竹筍尖如筆(죽순첨여필) : 대나무의 어린 순은 마치 붓과 같고,

松松松	葉葉葉	細細細	似似似	針針針
松	葉	細	似	針
木 杵 松 松	芏 苹 華 葉	紆 紐 細 細	亻 伜 似 似	牟 金 金 針
소나무송	잎 엽	가늘세	같을 사	바늘침

松葉細似針(송엽세사침) : 소나무의 잎은 가는 침과 같다.

水水水	連連連	天天天	共共共	碧碧碧
水	連	天	共	碧
丿 才 才 水	車 車 連 連	一 二 于 天	卄 丗 丗 共	珇 珀 碧 碧
물 수	연할련	하늘천	한가지공	푸를벽

水連天共碧(수련천공벽) : 수평선에 닿은 하늘은 똑같이 푸르고,

風風風	與與與	月月月	雙雙雙	淸淸淸
風	與	月	雙	淸
几 凤 風 風	ㅌ 咠 舁 與	丿 刀 月 月	竹 隹 雔 雙	汁 淸 淸 淸
바람풍	더불여	달 월	두 쌍	맑을청

風與月雙淸(풍여월쌍청) : 바람과 달빛은 서로 어울려 맑고 맑구나.

62

曳曳乇	杖杖杖	石石石	鷄鷄鷄	鷄鷄鷄
曳	杖	石	鷄	鷄
冂曰电曳	朮朮杕杖	一丆石石	奚奚鷄鷄	奚奚鷄鷄
끌 예	지팡이장	돌 석	닭 계	닭 계

曳杖石鷄鷄(예장석계계) : 돌이 깔려 있는 길을 지팡이를 끌고 가니 계계소리 나고,

伐伐伐	木木朩	山山山	雉雉雉	雉雉雉
伐	木	山	雉	雉
亻代伐伐	一十才木	丨山山	矢矢矨雉	矢矢矨雉
칠 벌	나무목	뫼 산	꿩 치	꿩 치

伐木山雉雉(벌목산치치) : 산속에서 나무를 베니 벌목하는 소리가 치치하고 들리네.

蝶蝶蝶	翅翅翅	輕輕輕	翻翻翻	粉粉粉
蝶	翅	輕	翻	粉
虫虯蛛蝶	支支翅翅	車車輕輕	釆番翻翻	米籿粉粉
나비접	날개시	가벼울경	날 빈	가루분

蝶翅輕翻粉(접시경빈분) : 흰 나비가 날면 하얀 밀가루가 흩날리는 것 같고,

鶯鶯鶯	聲聲聲	巧巧巧	囀囀囀	簧簧簧
鶯	聲	巧	囀	簧
炏炏鶯鶯	声殸聲聲	工工巧	口呻囀囀	竺笪簧簧
꾀꼬리앵	소리성	교묘할교	지저귈전	생황황

鶯聲巧囀簧(앵성교전황) : 꾀꼬리의 울음소리는 말할 수 없이 아름답게 들리네.

63

五五五	老老老	峰峰峰	爲爲爲	筆筆筆
五	老	峰	爲	筆
一丁五五	土耂老老	岁峇峯峯	爫爫爲爲	竹笁筆筆
다 섯 오	늙 을 로	봉우리봉	될 위	붓 필

五老峰爲筆(오노봉위필) : 천하에 이름 높은 다섯 산봉우리로 붓을 삼고,

三三三	湘湘湘	作作作	硯硯硯	池池池
三	湘	作	硯	池
一二三	氵汁沐湘	亻亇作作	石矴硯硯	氵汁沁池
석 삼	물이름상	만 들 작	벼 루 연	못 지

三湘作硯池(삼상작연지) : 천하에 으뜸가는 세 강을 먹물로 삼아 시를 짓고 싶구나.

青青青	天天天	一一一	張張張	紙紙紙
青	天	一	張	紙
丰青青青	一二于天	一	引张张張	糸紅紙紙
푸 를 청	하 늘 천	한 일	베 풀 장	종 이 지

青天一張紙(청천일장지) : 푸른 하늘과 같이 넓은 종이를 만들고,

寫寫寫	我我我	腹腹腹	中中中	詩詩詩
寫	我	腹	中	詩
宀宭寫寫	手我我我	广腜腜腹	丨冂口中	言詝詩詩
쓸 사	나 아	배 복	가운데중	글 시

寫我腹中詩(사아복중시) : 내 마음속에 있는 아름다운 시를 베끼고 싶네.

林林林 林 十 木 杜 林 수풀림	亭亭亭 亭 古 亩 亩 亭 정자정	秋秋秋 秋 千 禾 秋 秋 가을추	己己己 己 フ コ 己 이미기	晚晚晚 晚 日 旷 晗 晚 늦을만

林亭秋己晚(임정추기만) : 숲속의 정자에는 가을이 이미 다가들고,

騷騷騷 騷 馬 駅 駱 騷 소란할소	客客客 客 宀 安 客 客 손 객	意意意 意 亠 音 音 意 뜻 의	無無無 無 亠 無 無 無 없을무	窮窮窮 窮 宀 宆 窮 窮 다할궁

騷客意無窮(소객의무궁) : 소란스럽던 손님의 뜻은 헤아릴 수가 없구나.

遠遠遠 遠 吉 袁 遠 遠 멀 원	水水水 水 丿 刀 水 水 물 수	連連連 連 亘 車 連 連 연할련	天天天 天 一 二 于 天 하늘천	碧碧碧 碧 珇 珀 碧 碧 푸를벽

遠水連天碧(원수연천벽) : 수평선의 하늘은 끝닿은 것 같이 파랗고,

霜霜霜 霜 雨 雪 霜 霜 서리상	楓楓楓 楓 机 枫 楓 楓 단풍나무풍	向向向 向 冂 向 向 향할향	日日日 日 丨 冂 闩 日 해 일	紅紅紅 紅 千 糸 紅 紅 붉을홍

霜楓向日紅(상풍향일홍) : 단풍에 서리가 내리니 태양과 같이 붉도다.

65

山山山	吐吐吐	孤孤孤	輪輪輪	月月月
山	吐	孤	輪	月
ㅣ山山	口吐吐	子孤孤孤	車輪輪	丿月月月
뫼 산	토할토	외로울고	수레바퀴륜	달 월

山吐孤輪月(산토고륜월) : 산등성에 달이 뜨니 산이 달을 토해내는 것 같고,

江江江	含含含	萬萬萬	里里里	風風風
江	含	萬	里	風
氵汀江江	人今含含	艹萬萬萬	曰甲里里	几凤風風
강 강	머금을함	일 만 만	잇 수 리	바람풍

江含萬里風(강함만리풍) : 강은 만리의 바람을 머금은 것 같구나.

塞塞塞	鴻鴻鴻	何何何	處處處	去去去
塞	鴻	何	處	去
宀塞寒塞	氵鴻鴻	亻何何	广處處	十去去
변방새	기러기홍	어찌하	곳 처	갈 거

塞鴻何處去(새홍하처거) : 하늘가에 있는 기러기는 그 가는 곳을 모르겠고,

聲聲聲	斷斷斷	暮暮暮	雲雲雲	中中中
聲	斷	暮	雲	中
尸殸聲	斷斷	艹莫暮	雲雲	ㅣ口中
소리성	끊을 단	저녁 모	구름운	가운데중

聲斷暮雲中(성단모운중) : 다만 울음소리만 석양 구름속에 이어졌다 끊어졌다 하네.

君 君 尼	在 在 左	臣 臣 臣	先 先 先	死 死 死
君	在	臣	先	死
ㄱㅋㅋ君	ㄣㅊ在在	厂戶戶臣	一屮生先	歹歹死死
임금군	있을재	신하신	먼저선	죽을사

君在臣先死(군재신선사) : 임금이 아직 생존해 있는데 신하가 먼저 죽고,

母 母 め	在 在 左	子 子 子	先 先 先	死 死 死
母	在	子	先	死
口口母母	ㄣㅊ在在	了子	一屮生先	歹歹死死
어머니모	있을재	아들자	먼저선	죽을사

母在子先死(모재자선사) : 부모가 살아계신데 자식이 먼저 세상을 떠났네.

皆 皆 꺗	非 非 兆	臣 臣 臣	子 子 子	義 義 義
皆	非	臣	子	義
上比皆皆	ㅓㅕ非非	厂戶戶臣	了子	羊羊義義
다 개	아니비	신하신	아들자	옳을의

皆非臣子義(개비신자의) : 그 누구도 신하와 자식의 도리를 다하지 않으면 안되나,

無 無 老	奈 奈 奈	死 死 死	於 於 お	死 死 死
無	奈	死	於	死
一無無無	大杏夲奈	歹歹死死	㇐方於於	歹歹死死
없을무	어찌내	죽을사	어조사어	죽을사

無撥死於死(무내사어사) : 인간이 어찌 죽음에서 벗어날 수 있으랴.

擊	鼓	催	人	命
臺 聲 聲 擊	吉 克 鼓 鼓	俨 俨 併 催	ノ 人	스 合 命 命
칠 격	북 고	제촉할최	사 람 인	목 숨 명

擊鼓催人命(격고최인명) : 처형장에서 죄인의 생명을 북소리는 재촉하고,

西	風	日	欲	斜
丆 丙 西 西	几 凤 風 風	｜ 冂 日 日	公 谷 谷 欲	幺 余 彩 斜
서 녘 서	바 람 풍	해 일	하고자할욕	빗 길 사

西風日欲斜(서풍일욕사) : 서풍이 부니 해는 서산으로 넘어가려고 하는구나.

黃	泉	無	客	店
艹 芊 芾 黃	白 户 身 泉	ㅗ 無 無 無	宀 交 客 客	广 庐 店 店
누 를 황	샘 천	없 을 무	손 객	상 점 점

黃泉無客店(황천무객점) : 황천으로 가는 곳에 주막이 없으니,

今	夜	宿	誰	家
ノ 人 스 今	广 夜 夜 夜	广 宀 宿 宿	訐 訐 誰 誰	宀 宁 家 家
이 제 금	밤 야	잘 숙	누 구 수	집 가

今夜宿誰家(금야숙수가) : 오늘밤은 어느 곳에서 자고 갈거나.

秋秋秋 秋 千千禾和秋 가을추	風風风 風 几凡風風 바람풍	唯唯唯 唯 叮吖吖唯 오직유	苦苦苦 苦 十廿芏苦 쓸 고	吟吟吟 吟 口吟吟吟 읊을음

秋風唯苦吟(추풍유고음) : 가을 바람은 쓸쓸하게 들리고 울적한데,

世世世 世 十廿廿世 세상세	路路路 路 昆路路路 길 로	少少少 少 丿小小少 젊을소	知知知 知 ㅗㄴ矢知 알 지	音音音 音 丷立音音 소리음

世路少知音(세로소지음) : 세월의 흘러가는 것을 우리가 어찌 알 수 있으랴.

窓窓窓 窓 宀空窓窓 창문창	外外外 外 ㄅ夕外外 바깥외	三三三 三 一二三 석 삼	更更更 更 一百更更 지날경	雨雨雨 雨 冂而雨雨 비 우

窓外三更雨(창외삼경우) : 한 밤중 창밖에 비가 내리고,

燈燈燈 燈 灯炒燈燈 등잔등	前前前 前 广广前前 앞 전	萬萬萬 萬 萬萬萬萬 일만만	里里里 里 曰甲里里 거리리	心心心 心 丶心心心 마음심

燈前萬里心(등전만리심) : 등잔불을 보니 만리나 떨어진 고향생각이 절로 나네.

十十十	五五五	越越越	溪溪溪	女女女
十	五	越	溪	女
一十	一丁丙五	赳赳越越	氵氵沪溪	人女女
열 십	다섯 오	넘을 월	시내 계	계집 녀

十五越溪女(십오월계녀) : 십오세의 아릿다운 처녀가 시내를 건너가니,

羞羞羞	人人人	無無无	語語語	別別別
羞	人	無	語	別
羊羊羊羞	丿人	一無無無	訂評語語	口号号別
부끄러울수	사람 인	없을 무	말할 어	이별별

羞人無語別(수인무어별) : 보는 사람들마다 말을 잃고 넋이 빠져 있네.

歸歸歸	來来来	掩掩掩	重重重	門門门
歸	來	掩	重	門
自訂歸歸歸	十才求來	扴扴掩掩	丬盲重重	卩卩門門
돌아갈귀	올 래	가 둘 엄	거듭 중	문 문

歸來掩重門(귀래엄중문) : 돌아오는 길에는 문을 엄중히 단속하고,

泣泣泣	向向向	梨梨梨	花花花	月月月
泣	向	梨	花	月
氵氵汸泣	门向向	乘利梨梨	艹艹艻花	丿刀月月
울 읍	향할향	배나무이	꽃 화	달 월

泣向梨花月(읍향이화월) : 달빛 아래 배나무 꽃을 향하여 읊조리네.

昨昨昨	過過過	永永永	明明明	寺寺寺
昨	過	永	明	寺
日 昨 昨 昨	冎 咼 過 過	氵 才 永 永	日 昨 明 明	土 寺 寺 寺
어제작	지날과	길 영	밝을명	절 사

昨過永明寺(작과영명사) : 어제는 천하에 유명한 영명사 지나오는 길에,

暫暫暫	登登登	浮浮浮	碧碧碧	樓樓樓
暫	登	浮	碧	樓
車 斬 斬 暫	癶 癶 쯧 登	氵 浐 浮 浮	珏 珀 珺 碧	椚 樓 樓 樓
잠시잠	오를등	뜰 부	푸를벽	누각루

暫登浮碧樓(잠등부벽루) : 잠시 부벽루 정자에 올라 경치를 구경하였네.

城城城	空空空	月月月	一一一	片片片
城	空	月	一	片
圹 城 城 城	宀 穴 空 空	丿 月 月	一	丿 丿 片 片
성곽성	빌 공	달 월	한 일	편 편

城空月一片(성공월일편) : 옛 성은 쓸쓸하게 비어 있고 달빛만 휘황한데,

石石石	老老老	雲雲雲	千千千	秋秋秋
石	老	雲	千	秋
一 丁 石 石	土 耂 老 老	千 雪 雲 雲	一 二 千	千 禾 秒 秋
돌 석	늙을로	구름운	일천천	가을추

石老雲千秋(석노운천추) : 이끼낀 돌만이 천년의 세월을 알리는구나.

麟麟麟 麟 广 圭 庐麟 기린린	馬馬ら 馬 厂 厍 馬馬 말 마	去去を 去 十 去 去 去 갈 거	不不ふ 不 一 丆 不 不 아니불	返返返 返 厂 反 返返 돌아올반

麟馬去不返(인마거불반) : 기린과 말은 달려가면 다시 돌아오지 않고,

天天て 天 一 二 于 天 하늘천	孫孫孙 孫 子 矛 孙 孫 손자손	何何ほ 何 亻 亻 何 何 어찌하	處處处 處 广 声 虍 處處 곳 처	遊遊遊 遊 扩 斿 游 遊 놀 유

天孫何處遊(천손하처유) : 젊은이들은 어느 곳이나 다니면서 놀고 있구나.

長長长 長 匚 臣 長 長 길 장	嘯嘯嘯 嘯 口 叮 呻 嘯 휘파람소	倚倚猗 倚 亻 亻 倚 倚 의지할의	風風風 風 几 凤 風 風 바람풍	燈燈燈 磴 灯 烬 燈 燈 돌다리등

長嘯倚風磴(장소의풍등) : 휘파람 소리는 바람과 함께 돌담을 넘어 멀리 퍼지고,

山山山 山 丨 山 山 뫼 산	青青青 青 二 丰 青 青 푸를청	江江江 江 氵 汀 江 江 강 강	自自自 自 冂 自 自 스스로자	流流流 流 广 浐 浐 流 흐를류

山青江自流(산청강자류) : 푸른 산을 옆에 끼고 강물은 유유히 흘러가네.

水	國	秋	光	暮
水水氺	國國國	秋秋秌	光光兆	暮暮蓁
丿才水水	冂國國國	千禾禾秋	丬丬丬光	莒莫莫暮
물 수	나라 국	가을 추	빛 광	저녁 모

水國秋光暮(수국추광모) : 바닷가의 가을 하늘은 점점 어두워지고,

驚	寒	雁	陣	高
驚驚驚	寒寒寒	雁雁雁	陣陣陣	高高高
敬敬驚驚	宀审寒寒	厂厈厈雁	阝阤陣陣	古高高高
놀랠 경	찰 한	기러기안	진 칠 진	높을 고

驚寒雁陣高(경한안진고) : 날씨가 차가와지니 기러기떼는 높이 날으는구나.

憂	心	輾	轉	夜
憂憂憂	心心心	輾輾輾	轉轉轉	夜夜夜
百百憂憂	丶心心心	車軒輾輾	軒軒轉轉	广夜夜夜
근심할우	마음 심	돌아누울전	굴 릴 전	밤 야

憂心輾轉夜(우심전전야) : 길떠난 나그네 울적한 마음을 온밤 뒤척이며 꼬박 새우니,

殘	月	照	弓	刀
殘殘殘	月月月	照照照	弓弓弓	刀刀刀
歹殘殘殘	丿月月	日昭昭照	乛弓弓弓	乛刀
쇠잔할잔	달 월	비출 조	활 궁	칼 도

殘月照弓刀(잔월조궁도) : 서편으로 지는 달모양이 마치 궁도같구나.

春春春 春 二 夫 未 春 봄 춘	雨雨雨 雨 丁 币 雨 雨 비 우	細細細 細 糸 糸 細 細 가늘세	不不ふ 不 一 プ 不 不 아니불	滴滴滴 滴 氵 泞 渧 滴 적 실 적

春雨細不滴(춘우세부적) : 봄철의 이슬비는 옷깃을 적시지 못하고,

夜夜夜 夜 广 �痧 夜 夜 밤 야	中中中 中 丨 冂 口 中 가운데중	微微微 微 彳 彳 徍 微 가늘미	有有有 有 ナ 才 有 有 있을유	聲聲聲 聲 声 殸 磬 聲 소 리 성

夜中微有聲(야중미유성) : 깊은 밤에 작은 소리만 들리는구나.

雪雪雪 雪 帀 雫 雪 雪 눈 설	盡盡盡 盡 圭 圭 聿 盡 다 할 진	南南南 南 方 币 南 南 남녘남	溪溪溪 溪 氵 氵 浐 溪 시 내 계	漲漲漲 漲 氵 汨 浘 漲 넘 칠 창

雪盡南溪漲(설진남계창) : 봄철에 눈이 녹으니 남쪽 시냇물은 넘칠듯이 흐르고,

草草草 草 艹 芮 草 草 풀 초	芽芽芽 芽 艹 艹 芒 芽 씨 앗 아	多多多 多 ク 夕 多 多 많을 다	少少少 少 丿 小 小 少 젊을소	生生生 生 亠 牛 生 生 날 생

草芽多少生(초아다소생) : 풀잎의 싹들은 다투어 자라나는구나.

獨獨獨	坐坐坐	無無先	來来书	客客考
獨	坐	無	來	客
犭犭狎獨	人丛坐坐	二無無無	十才本來	宀宎客客
홀로독	앉을좌	없을무	올 래	손 객

獨坐無來客(독좌무래객) : 아무도 찾아오는 이 없고 홀로 앉아 있으니,

空空空	庭庭庭	雨雨石	氣氣氣	昏昏者
空	庭	雨	氣	昏
宀穴空空	广庄庭庭	雨雨雨雨	气气氣氣	氏昏昏
빌 공	뜰 정	비 우	기운기	날저물혼

空庭雨氣昏(공정우기혼) : 정원은 텅 비어 있고 석양에 부슬비만 오도다.

魚魚魚	搖搖搖	荷荷者	葉葉菜	動動動
魚	搖	荷	葉	動
夕色魚魚	扌扩护搖	艹艹荷荷	艹芈茟葉	重重動動
고기어	움직일요	연꽃하	잎 엽	움직일동

魚搖荷葉動(어요하엽동) : 고기가 뛰어놀면 연꽃잎도 따라서 움직이고,

鵲鵲鵲	踏踏踏	樹樹樹	梢梢梢	翻翻翻
鵲	踏	樹	梢	翻
昔昔鵲鵲	趵趵踏踏	扩梧樹樹	木术梢梢	番番翻翻
까치작	뛸 답	나무수	나무끝소	뒤집힐번

鵲踏樹梢翻(작답수소번) : 까치가 나무 가지 끝을 걸어다니니 나뭇잎이 뒤집히도다.

琴琴琴	潤潤潤	絃絃絃	猶猶猶	響響響
琴	潤	絃	猶	響
㇗ 珡 珡 琴	氵 浐 潤 潤	糸 紆 絃 絃	犭 犷 狛 猶	卿 绑绑 響
거문고금	꾸밀윤	줄 현	오히려유	소리향

琴潤絃猶響(금윤현유향) : 거문고줄을 타니 소리가 더욱 고웁고,

爐爐爐	寒寒寒	火火火	尚尚尚	存存存
爐	寒	火	尚	存
炉 炉 爐 爐	宀 寍 寒 寒	㇎ 少 火	宀 尚 尚 尚	广 疒 存 存
화로노	찰 한	불 화	주장할상	있을존

爐寒火尚存(노한화상존) : 화로에는 추위와 불이 함께 있구나.

泥泥泥	途途途	妨妨妨	出出出	入入入
泥	途	妨	出	入
氵 沪 沪 泥	亼 仐 余 途	女 圹 妨 妨	㇛ 屮 出 出	ノ 入
진흙니	길 도	방해할방	날 출	들 입

泥途妨出入(니도방출입) : 진흙길은 오고가는데 방해가 되니

終終終	日日日	可可可	關關關	門門門
終	日	可	關	門
糸 紵 終 終	丨 冂 日 日	厂 ㅠ 可 可	門 門 関 關	㇑ 門 門 門
마침종	날 일	옳을가	관문관	관문문

終日可關門(종일가관문) : 하루종일 걸어도 겨우 관문에 도착하는구나.

原本解説

四字小學

사자소학

四字小學은 어른을 공경하는 언행과 행동의 몸가짐을 올바르게 하는 교육의 지침서이다.

총 960글자를 한행에 四字씩 정리된 글귀로서 240귀절로 배열되어 있다.

四字小學은 충효사상이 담긴 내용으로 千字文보다 더 먼저 배웠다는 교과서이다.

아비 부	날 생	나 아	몸 신		할 위	사람 인	아들 자	놈 자
父	生	我	身		爲	人	子	者
부생아신 : 아버지께서 내 몸을 낳게 하시고					위인자자 : 사람의 자식된 자로서			

어미 모	기를 국	나 오	몸 신		어찌 갈	아니 불	할 위	효도 효
母	鞠	吾	身		曷	不	爲	孝
모국오신 : 어머니께서 내 몸을 기르셨다.					갈불위효 : 어찌 효도를 다하지 않겠는가.			

배 복	써 이	품을 회	나 아		탐낼 욕	갚을 보	깊을 심	은혜 은
腹	以	懷	我		欲	報	深	恩
복이회아 : 배로서 나를 품으셨고					욕보심은 : 깊은 은혜를 갚고자 한다면			

젖 유	써 이	도울 보	나 아		하늘 호	하늘 천	없을 망	다할 극
乳	以	補	我		昊	天	罔	極
유이보아 : 젖으로써 나를 먹이셨고					호천망극 : 하늘처럼 다할 수 없다.			

써 이	옷 의	따뜻할 온	나 아		아비 부	어미 모	부를 호	나 아
以	衣	溫	我		父	母	呼	我
이의온아 : 옷으로써 나를 따뜻이 했고,					부모호아 : 부모께서 나를 부르시면			

써 이	먹을 식	살 활	나 아		오직 유	말이을 이	달릴 추	갈 지
以	食	活	我		唯	而	趨	之
이식활아 : 음식으로써 나를 키우셨다.					유이추지 : 곧 대답하고 달려갈 것이며,			

은혜 은	높을 고	같을 여	하늘 천		아비 부	어미 모	갈 지	목숨 명
恩	高	如	天		父	母	之	命
은고여천 : 은혜가 높기는 하늘과 같고,					부모지명 : 부모의 명령은			

큰 덕	두터울 후	같을 사	땅 지		말 물	거스릴 역	말 물	게으를 태
德	厚	似	地		勿	逆	勿	怠
덕후사지 : 덕이 두텁기는 땅과 같으니,					물역물태 : 거역하지 말고 게을리도 하지 말라.			

모실 시	앉을 좌	친할 친	앞 전		아비 부	어미 모	침 타	가래 담
侍	**坐**	**親**	**前**		**父**	**母**	**唾**	**痰**

시좌친전 : 어버이 앞에 앉을 때는 몸을 바르게 하고,　　부모타담 : 부모님의 침이나 가래는

말 물	걸터앉을거	말 물	누울 와		매양 매	반드시필	덮을 부	갈 지
勿	**踞**	**勿**	**臥**		**每**	**必**	**覆**	**之**

물거물와 : 걸터앉지 말고 눕지도 말라.　　매필부지 : 반드시 매번 덮어야 하며,

대답할대	책상 안	아니 불	먹을 식		같을 약	고할 고	서녁 서	마침 적
對	**案**	**不**	**食**		**若**	**告**	**西**	**適**

대안불식 : 밥상을 대하고 먹지 않는 것은　　약고서적 : 서쪽으로 간다고 말씀드리고

생각 사	얻을 득	어질 양	반찬 찬		아니 불	회복할복	동녁 동	성품 성
思	**得**	**良**	**饌**		**不**	**復**	**東**	**性**

사득양찬 : 좋은 반찬을 생각하는 것이다.　　불복동성 : 동쪽으로 가지는 말라.

아비 부	어미 모	있을 유	병 병		날 출	반드시필	고할 고	갈 지
父	**母**	**有**	**病**		**出**	**必**	**告**	**之**

부모유병 : 부모께 병환이 있으시거든　　출필고지 : 밖으로 나갈때는 반드시 고하고

근심 우	말이을이	꾀할 모	병고칠료		돌아올반	반드시필	절 배	아뢸 알
憂	**而**	**謀**	**療**		**返**	**必**	**拜**	**謁**

우이모료 : 근심하여 치료할 것을 꾀할 것이고,　　반필배알 : 돌아와서는 반드시 뵙고,

쌀 과	양식 량	써 이	보낼 송		설 립	곧 즉	볼 시	발 족
裹	**糧**	**以**	**送**		**立**	**則**	**視**	**足**

과량이송 : 양식을 싸서 보내 주시면　　입즉시족 : 서서는 반드시 발을 보고,

말 물	게으를뢰	읽을 독	글 서		앉을 좌	곧 즉	볼 시	무릎 슬
勿	**懶**	**讀**	**書**		**坐**	**則**	**視**	**膝**

물뢰독서 : 독서하기를 게을리 하지 말라.　　좌즉시슬 : 앉아서는 반드시 무릎을 보라.

저물 혼	반드시필	정할정	요욕
昏	必	定	褥

혼필정욕 : 저녁에는 반드시 자리를 정하고,

말 물	설 립	문 문	가운데중
勿	立	門	中

물립문중 : 문 가운데는 서지 말고,

새벽 신	반드시필	살필성	살필후
晨	必	省	候

신필성후 : 새벽에는 반드시 안후를 살피라.

말 물	앉을 좌	방 방	가운데중
勿	坐	房	中

물좌방중 : 방 한가운데는 앉지 말라.

아비 부	어미 모	사랑 애	갈 지
父	母	愛	之

부모애지 : 부모께서 나를 사랑하시거든

닭 계	울 명	말이을이	일어날 기
鷄	鳴	而	起

계명이기 : 닭이 우는 새벽에 일어나서

기쁠 희	말이을이	말 물	잊을 망
喜	而	勿	忘

희이물망 : 기뻐하며 잊지 말고,

반드시필	손씻을관	반드시필	양치할 수
必	盥	必	漱

필관필수 : 반드시 세수하고 양치 할 것이며,

아비 부	어미 모	미워할 오	갈 지
父	母	惡	之

부모오지 : 부모께서 나를 미워하시더라도

말씀 언	말씀 어	반드시필	삼가할신
言	語	必	愼

언어필신 : 말은 반드시 삼가하여 하고,

두려울구	말이을이	없을 무	원망할 원
懼	而	無	怨

구이무원 : 두려워 할 뿐 원망하지 말아라.

살 거	곳 처	반드시필	공손할 공
居	處	必	恭

거처필공 : 거처는 반드시 공손하게 하라.

행할 행	말 물	거만할 만	걸을 보
行	勿	慢	步

행물만보 : 걸음을 거만하게 걷지 말고,

비로소시	익힐 습	글월 문	글자 자
始	習	文	字

시습문자 : 비로소 글자를 배우게 되거든

앉을 좌	말 물	의지할의	몸 신
坐	勿	倚	身

좌물의신 : 앉을 때에는 몸을 기대지 말고,

글자 자	가를 획	본뜰 해	바를 정
字	劃	楷	正

자획해정 : 글자의 자획을 바르게 하라.

아비 부	어미 모	갈 지	해 년
父	母	之	年

부모지년 : 부모님의 나이는

아니 불	옳을 가	아니 부	알 지
不	可	不	知

불가부지 : 알지 않으면 안되며,

마실 음	먹을 식	맑을 아	모질 악
飮	食	雅	惡

음식아악 : 음식이 비록 나쁘더라도

줄 여	갈 지	반드시필	먹을 식
與	之	必	食

여지필식 : 주시면 반드시 먹어야 하고,

옷 의	입을 복	맑을 아	모질 악
衣	服	雅	惡

의복아악 : 의복이 비록 나쁘더라도

줄 여	갈 지	반드시필	붙을 착
與	之	必	着

여지필착 : 주시면 반드시 입어라.

옷 의	입을 복	띠 대	가죽신혜
衣	服	帶	鞋

의복대혜 : 의복과 혁대와 신발은

말 물	잃을 실	말 물	찢을 열
勿	失	勿	裂

물실물열 : 잃어버리지도 말고 찢지도 말 것이며,

찰 한	아니 불	감히 감	엄할 습
寒	不	敢	襲

한불감습 : 춥다고 하여서 감히 껴입지 말고,

더울 서	말 물	찰 한	치마 상
署	勿	寒	裳

서물한상 : 덥다고 하여서 치마를 걷지 말라.

여름 하	곧 즉	부채 선	베개 침
夏	則	扇	枕

하즉선침 : 여름에는 베개 베신데를 부채질하여 드리고

겨울 동	곧 즉	따뜻할온	이불 피
冬	則	溫	被

동즉온피 : 겨울에는 이불을 따뜻하게 하여 드려라.

모실 시	앉을 좌	친할 친	곁 측
侍	坐	親	側

시좌친측 : 어버이 곁에 모시고 앉을 때에는

나아갈진	물러날퇴	반드시필	공손할공
進	退	必	恭

진퇴필공 : 나아가고 물러감을 반드시 공손히 하고,

무릎 슬	앞 전	말 물	앉을 좌
膝	前	勿	坐

슬전물좌 : 어른 무릎 앞에 앉지 말며,

친할 친	낯 면	말 물	우러를앙
親	面	勿	仰

친면물앙 : 어버이 얼굴을 똑바로 쳐다보지 말아라.

아비 부	어미 모	누울 와	목숨 명
父	母	臥	命

부모와명 : 부모님이 누워서 말씀하시면,

종 복	머리 수	들을 청	갈 지
僕	首	聽	之

복수청지 : 머리를 숙이고 들을 것이고,

살 거	곳 처	편안할정	고요할정
居	處	靖	靜

거처정정 : 거처는 평안하고 고요히 하고,

걸음 보	회복할복	편안할안	자세할상
步	復	安	詳

보복안상 : 걸음을 편안하고 자세히 하라.

배부를포	먹을 식	따뜻할난	옷 의
飽	食	暖	衣

포식난의 : 배불리 먹고 따뜻이 입고,

만족할일	살 거	없을 무	가르칠교
逸	居	無	教

일거무교 : 편히 살면서 자식을 가르치지 않으면,

곧 즉	가까울근	새 금	짐승 수
即	近	禽	獸

즉근금수 : 금수와 다를바 없으니,

성인 성	사람 인	근심 우	갈 지
聖	人	憂	之

성인우지 : 성인은 이것을 걱정하시니라.

사랑 애	친할 친	공경경	맏 형
愛	親	敬	兄

애친경형 : 어버이를 사랑하고 형을 공손함은

어질 양	알 지	어질 량	능할 능
良	知	良	能

양지양능 : 타고난 앎이요 타고난 능력이니라.

입 구	말 물	섞일 잡	말씀 담
口	勿	雜	談

구물잡담 : 입으로는 잡담을 하지 말며,

손 수	말 물	섞일 잡	놀 희
手	勿	雜	戲

수물잡희 : 손으로는 잡된 장난을 하지 말라.

잘 침	곧 즉	연할 연	이제 금
寢	則	連	今

침즉연금 : 잠자리에서는 이불을 나란히 하여 자고,

먹을 식	곧 즉	한가지동	책상 안
食	則	同	案

식즉동안 : 먹을 때에는 밥상을 함께 하라.

빌어올차	사람 인	법 전	책 적
借	人	典	籍

차인전적 : 남의 책을 빌렸을 때에는

말 물	무너질훼	반드시필	완전할완
勿	毀	必	完

물훼필완 : 헐지말고, 반드시 완전하게 해야한다.

맏 형	없을 무	옷 의	입을 복
兄	無	衣	服

형무의복 : 형에게 옷이 없으면

아우 제	반드시 필	드릴 헌	갈 지
弟	必	獻	之

제필헌지 : 동생은 반드시 형에게 드려야 하고,

아우 제	없을 무	마실 음	먹을 식
弟	無	飮	食

제무음식 : 동생이 먹을 것이 없으면

맏 형	반드시 필	줄 여	갈 지
兄	必	與	之

형필여지 : 형은 마땅히 동생에게 주어야 한다.

맏 형	주릴 기	아우 제	배부를 포
兄	飢	弟	飽

형기제포 : 형이 배고픈데 동생만 배부르다면

새 금	짐승 수	갈 지	따를 수
禽	獸	之	遂

금수지수 : 금수나 할 짓이라.

맏 형	아우 제	갈 지	뜻 정
兄	弟	之	情

형제지정 : 형제간의 정은

벗 우	사랑 애	써 이	몸 기
友	愛	而	己

우애이기 : 서로 우애하는 것이다.

마실 음	먹을 식	친할 친	앞 전
飮	食	親	前

음식친전 : 어버이 앞에서 음식을 먹을 때에는

말 물	날 출	그릇 기	소리 성
勿	出	器	聲

물출기성 : 그릇 부딪치는 소리를 내지 말라.

살 거	반드시 필	가릴 택	이웃 린
居	必	擇	隣

거필택린 : 거처는 반드시 이웃을 가려 하고,

나아갈 취	반드시 필	있을 유	큰 덕
就	必	有	德

취필유덕 : 나아감에는 덕 있는 이에게 가라.

아비 부	어미 모	옷 의	입을 복
父	母	衣	服

부모의복 : 부모님의 옷은

말 물	넘을 유	말 물	밟을 천
勿	踰	勿	踐

물유물천 : 넘지도 말고 밟지도 말라.

글 서	책상 궤	글 서	벼루 연
書	机	書	硯

서궤서연 : 책상과 벼루는

스스로 자	자자할 경	그 기	낯 면
自	黥	其	面

자경기면 : 그 바닥을 정면으로부터 하라.

말 물 더불을여 사람 인 싸울 투	말씀 언 행할 행 서로 상 어길 위
勿 與 人 鬪	言 行 相 違
물여인투 : 남과 더불어 싸우지 말 것이니,	언행상위 : 말과 행실이 서로 다르면
아비 부 어미 모 근심 우 갈 지	욕 욕 미칠 급 어조사우 먼저 선
父 母 憂 之	辱 及 于 先
부모우지 : 부모께서 이것을 근심하니라.	욕급우선 : 욕이 선영에 미치고,
날 출 들 입 문 문 집 호	행할 행 아니 불 같을 여 말씀 언
出 入 門 戶	行 不 如 言
출입문호 : 문을 출입할 때에는	행불여언 : 행실이 말과 다르면
열 개 닫을 폐 반드시필 공손할공	욕 욕 미칠 급 어조사우 몸 신
開 閉 必 恭	辱 及 于 身
개폐필공 : 열고 닫는 것을 반드시 공손히 하라.	욕급우신 : 욕이 자신의 몸에 미친다.
종이 지 붓 필 벼루 연 먹 묵	일 사 친할 친 이를 지 효도 효
紙 筆 硯 墨	事 親 至 孝
지필연묵 : 종이와 붓과 벼루와 먹은	사친지효 : 어버이를 섬김에 효도를 다하고,
글월 문 방 방 넉 사 벗 우	기를 양 뜻 지 기를 양 몸 체
文 房 四 友	養 志 養 體
문방사우 : 글방의 네 벗이다.	양지양체 : 뜻을 받들고, 몸을 잘 봉양해야 한다.
낮 주 밭갈 경 밤 야 읽을 독	눈 설 속 리 구할 구 죽순 순
晝 耕 夜 讀	雪 裡 求 筍
주경야독 : 낮에는 밭을 갈고, 밤에는 글을 읽고,	설리구순 : 눈 속에서 죽순을 구해 온 것은
여름 하 예도 례 봄 춘 시 시	맏 맹 마루 종 갈 지 효도 효
夏 禮 春 詩	孟 宗 之 孝
하례춘시 : 여름에는 예를 익히고, 봄에는 시를 배운다.	맹종지효 : 맹종의 효도이고,

두드릴고 얼음 빙 얻을 득 잉어 리	몸 신 몸 체 터럭 발 피부 부
叩 氷 得 鯉	身 體 髮 膚
고빙득리 : 얼음을 깨뜨려서 잉어를 얻은 것은	신체발부 : 신체와 머리카락과 살갗은
임금 왕 조짐 상 갈 지 효도 효	받을 수 갈 지 아비 부 어미 모
王 祥 之 孝	受 之 父 母
왕상지효 : 왕상의 효도다.	수지부모 : 부모로부터 물려 받은 것이니,
새벽 신 반드시필 먼저 선 일어날기	아니 불 감히 감 헐 훼 상할 상
晨 必 先 起	不 敢 毁 傷
신필선기 : 새벽에는 반드시 부모님보다 먼저 일어나고	불감훼상 : 함부로 상하게 하지 않는 것이
저물 모 모름지기수 뒤 후 잘 침	효도 효 갈 지 처음 시 이끼 야
暮 須 後 寢	孝 之 始 也
모수후침 : 저녁에는 모름지기 부모보다 늦게 자야한다.	효지시야 : 효도의 시작이요,
겨울 동 따뜻할온 여름 하 서늘할청	설 립 몸 신 행할 행 길 도
冬 溫 夏 清	立 身 行 道
동온하청 : 겨울엔 따뜻이, 여름엔 서늘히 해 드리고,	입신행도 : 출세하여 도를 행하고,
저물 혼 정할 정 새벽 신 살필 성	날릴 양 이름 명 뒤 후 인간 세
昏 定 晨 省	揚 名 後 世
혼정신성 : 저녁엔 자리를 펴고, 새벽엔 안후를 살핀다.	양명후세 : 이름을 후세에 남겨서
날 출 아니 불 바꿀 역 모 방	써 이 나타날현 아비 부 어미 모
出 不 易 方	以 顯 父 母
출불역방 : 밖으로 나가서는 가는 곳을 바꾸지 말고,	이현부모 : 부모님의 명성을 세상에 드러냄이
놀 유 반드시필 있을 유 모 방	효도 효 갈 지 마칠 종 이끼 야
游 必 有 方	孝 之 終 也
유필유방 : 나가서 놀때에는 노는 곳이 분명해야 한다.	효지종야 : 효도의 마침이다.

말씀 언	반드시필	충성 충	믿을 신		떳떳할상	큰 덕	굳을 고	가질 지
言	必	忠	信		常	德	固	持

언필충신 : 말은 반드시 충실하고, 진실하게 하며,　　상덕고지 : 떳떳한 덕을 굳게 지니고,

행할 행	반드시필	독실할독	공경할경		그럴 연	대답할낙	무거울중	응할 응
行	必	篤	敬		然	諾	重	應

행필독경 : 행실을 반드시 지극히 공손히 하라.　　연낙중응 : 대답을 할 때에는 신중히 하라.

볼 견	착할 선	좇을 종	갈 지		마실 음	먹을 식	삼가할신	마디 절
見	善	從	之		飮	食	愼	節

견선종지 : 선을 보거든 그것을 따르고　　음식신절 : 음식을 먹을 때에는 절제하고,

알 지	지날 과	반드시필	고칠 개		말씀 언	할 위	공경할공	순할 순
知	過	必	改		言	爲	恭	順

지과필개 : 허물을 알면 반드시 고쳐야 하고,　　언위공순 : 말씨는 공손히 하라.

모양 용	모양 모	끝 단	씩씩할장		일어날기	살 거	앉을 좌	설 립
容	貌	端	莊		起	居	坐	立

용모단장 : 용모는 단정하고, 씩씩하게 하고,　　기거좌립 : 일어서고 앉으며, 앉아 있고 서 있는 것이

옷 의	갓 관	엄숙할숙	가지런할정		행할 행	움직일동	들 거	그칠 지
衣	冠	肅	整		行	動	擧	止

의관숙정 : 의복과 모자는 엄숙히 정제하고,　　행동거지 : 바로 행동거지니라.

만들 작	일 사	꾀할 모	처음 시		예도 례	옳을 의	청렴할렴	부끄러울치
作	事	謀	始		禮	義	廉	恥

작사모시 : 일을 할 때에는 처음을 꾀하고,　　예의염치 : 예와 의와 염과 치를 지킬 것이니,

날 출	말씀 언	돌아볼고	행할 행		이 시	이를 위	넉 사	맬 유
出	言	顧	行		是	謂	四	維

출언고행 : 말을 할 때에는 행할 것을 생각할 것이며,　　시위사유 : 이것을 사유라 한다.

큰 덕	업 업	서로 상	권할 권
德	業	相	勸

덕업상권 : 덕은 서로 권하고,

가난할 빈	궁할 궁	근심 환	어려울 난
貧	窮	患	難

빈궁환난 : 빈궁이나 환난중에는

지날 과	잃을 실	서로 상	법 규
過	失	相	規

과실상규 : 허물은 서로 규제하며,

친할 친	친척 척	서로 상	도울 구
親	戚	相	救

친척상구 : 친척끼리 서로 돕고,

예도 례	풍속 속	서로 상	사귈 교
禮	俗	相	交

예속상교 : 예의와 풍속으로 서로 사귀고,

혼인할 혼	혼인 인	죽을 사	초상 상
婚	姻	死	喪

혼인사상 : 혼인이나 초상이 있을 때에는

근심 환	어려울 난	서로 상	구제할 휼
患	難	相	恤

환난상휼 : 환난을 당할 때에는 서로 구제하라.

이웃 린	보호할 보	서로 상	도울 조
隣	保	相	助

인보상조 : 이웃끼리 서로 도와야 한다.

아비 부	옳을 의	어미 모	사랑 자
父	義	母	慈

부의모자 : 아버지는 외롭고 어머니는 자애롭고,

있을 재	집 가	좇을 종	아비 부
在	家	從	父

재가종부 : 집에 있을 때에는 아버지를 따르고,

맏 형	벗 우	아우 제	공손할 공
兄	友	弟	恭

형우제공 : 형은 우애하고 동생은 공손하고,

맞을 적	사람 인	좇을 종	남편 부
適	人	從	夫

적인종부 : 시집가서는 남편을 따르고,

남편 부	아내 부	있을 유	은혜 은
夫	婦	有	恩

부부유은 : 부부는 은혜로움이 있어야 하고,

남편 부	죽을 사	좇을 종	아들 자
夫	死	從	子

부사종자 : 남편이 죽은 후에는 자식을 따르는 것.

사내 남	계집 녀	있을 유	다를 별
男	女	有	別

남녀유별 : 남녀는 분별이 있어야 한다.

이 시	이를 위	석 삼	좇을 종
是	謂	三	從

시위삼종 : 이것이 삼종지도이다.

마칠 종	몸 신	사양할 양	두둑 반	남편 부	할 위	아내 부	벼리 강
終	身	讓	畔	夫	爲	婦	綱

종신양반 : 한평생 밭둑을 양보하더라도

부위부강 : 남편은 아내의 근본이 되는 것.

아니 부	잃을 실	한 일	층계 단	이 시	이를 위	석 삼	벼리 강
不	失	一	段	是	謂	三	綱

부실일단 : 일 단보를 잃지는 않을 것이다.

시위삼강 : 이것이 삼강이라.

하늘 천	열릴 개	어조사 어	아들 자	아비 부	아들 자	있을 유	친할 친
天	開	於	子	父	子	有	親

천개어자 : 자시에 하늘이 열리고,

부자유친 : 부모와 자식 사이에는 친함이 있고,

땅 지	열 벽	어조사 어	소 축	임군 군	신하 신	있을 유	옳을 의
地	闢	於	丑	君	臣	有	義

지벽어축 : 축시에 땅이 열리고,

군신유의 : 임금과 신하 사이에는 의가 있고,

아비 부	할 위	아들 자	벼리 강	남편 부	아내 부	있을 유	다를 별
父	爲	子	綱	夫	婦	有	別

부위자강 : 아버지는 자식의 근본이 되고,

부부유별 : 남편과 아내 사이에는 분별이 있고,

임금 군	할 위	신하 신	벼리 강	길 장	어릴 유	있을 유	차례 서
君	爲	臣	綱	長	幼	有	序

군위신강 : 임금은 신하의 근본이 되고,

장유유서 : 어른과 아이 사이에는 차례가 있고,

사람 인	날 생	어조사 어	범 인	벗 붕	벗 우	있을 유	믿을 신
人	生	於	寅	朋	友	有	信

인생어인 : 인시에 사람이 태어나니,

붕유유신 : 벗과 벗 사이에는 신의가 있는 것

이 시	이를 위	클 태	옛 고	이 시	이를 위	다섯 오	인륜 륜
是	謂	太	古	是	謂	五	倫

시위태고 : 이 때를 태고라고 한다.

시위오륜 : 이것이 오륜이다.

으뜸 원 형통할 형 이로울 이 곧을 정	구멍 공 맏 맹 갈 지 길 도
元 亨 利 貞	孔 孟 之 道
원형이정 : 원, 형, 이, 정은	공맹지도 : 공자와 맹자의 도와 가는 길과
하늘 천 길 도 갈 지 떳떳할 상	법 정 붉을 주 갈 지 배울 학
天 道 之 常	程 朱 之 學
천도지상 : 하늘의 떳떳함이요,	정주지학 : 정주의 가르침은
어질 인 옳을 의 예도 례 지혜 지	바를 정 그 기 옳을 의 말이을 이
仁 義 禮 智	正 其 誼 而
인의예지 : 인, 의, 예, 지는	정기의이 : 그 의를 바르게 할 뿐이며,
사람 인 성품 성 갈 지 벼리 강	아니 불 꾀할 모 그 기 이로울 리
人 性 之 綱	不 謀 其 利
인성지강 : 인간 성품의 근본이다.	불모기리 : 그 이익을 꾀하지 아니하고,
아닐 비 예도 례 말 물 볼 시	밝을 명 그 기 길 도 말이을 이
非 禮 勿 視	明 其 道 而
비례물시 : 예가 아니거든 보지 말고,	명기도이 : 그 도를 밝게 할 뿐이며,
아닐 비 예도 례 말 물 들을 청	아니 불 계산 계 그 기 공 공
非 禮 勿 聽	不 計 其 功
비례물청 : 예가 아니거든 듣지 말고,	불계기공 : 그 공을 계교하지 아니한다.
아닐 비 예도 례 말 물 말씀 언	마칠 종 몸 신 사양할 양 길 로
非 禮 勿 言	終 身 讓 路
비례물언 : 예가 아니거든 말하지 말고,	종신양로 : 남에게 한평생 길을 양보하더라도
아닐 비 예도 례 말 물 움직일 동	아니 불 굽힐 왕 일백 백 걸을 보
非 禮 勿 動	不 枉 百 步
비례물동 : 예가 아니거든 움직이지 말라.	불왕백보 : 백 걸음을 굽히지는 않는 것이요,

볼 시 생각 사 반드시 필 밝을 명	볼 견 얻을 득 생각 사 옳을 의
視 思 必 明	見 得 思 義
시사필명 : 볼 때에는 반드시 밝게 볼 것을 생각하고	견득사의 : 이득을 얻었을 때에는 의를 생각하는 것
들을 청 생각 사 반드시 필 귀밝을 총	이 시 이를 위 아홉 구 생각 사
聽 思 必 聰	是 謂 九 思
청사필총 : 들을 때에는 반드시 밝게 들을 것을 생각하고	시위구사 : 이것이 구사이다.
빛 색 생각 사 반드시 필 따뜻할 온	발 족 모양 용 반드시 필 무거울 중
色 思 必 溫	足 容 必 重
색사필온 : 낯빛은 반드시 온순하게 할 것을 생각하고	족용필중 : 발은 반드시 무겁게 하고,
모양 모 생각 사 반드시 필 공손할 공	손 수 모양 용 반드시 필 공손할 공
貌 思 必 恭	手 容 必 恭
모사필공 : 얼굴은 반드시 공손하게 할 것을 생각하고	수용필공 : 손은 반드시 공손히 하고,
분할 분 생각 사 반드시 필 어려울 난	눈 목 모양 용 반드시 필 바를 단
憤 思 必 難	目 容 必 端
분사필난 : 분할 때에는 더욱 어려워질 것을 생각하고,	목용필단 : 눈은 반드시 단정히 하고,
의심할 의 생각 사 반드시 필 물을 문	입 구 모양 용 반드시 필 그칠 지
疑 思 必 問	口 容 必 止
의사필문 : 의문이 있을 때에는 반드시 묻고,	구용필지 : 입은 반드시 다물고,
일 사 생각 사 반드시 필 공경할 경	소리 성 모양 용 반드시 필 고요할 정
事 思 必 敬	聲 容 必 靜
사사필경 : 일을 할 때에는 반드시 삼가할 것을 생각하고	성용필정 : 음성은 반드시 고요히 하고,
말씀 언 생각 사 반드시 필 충성 충	기운 기 모양 용 반드시 필 엄숙할 숙
言 思 必 忠	氣 容 必 肅
언사필충 : 말할 때에는 반드시 충직히 할 것을 생각하고	기용필숙 : 숨 쉬는 모습은 반드시 엄숙히 하고,

머리 두	모양 용	반드시 필	곧을 직
頭	容	必	直

두용필직 : 머리는 반드시 곧게 하고,

홀아비 환	외로울 고	홀로 독	과부 과
鰥	孤	獨	寡

환고독과 : 홀아비와 과부와 고아와 자식없는 늙은이들

설 립	모양 용	반드시 필	큰 덕
立	容	必	德

입용필덕 : 서 있는 모습은 반드시 덕 있게 하고,

이를 위	갈 지	넉 사	궁할 궁
謂	之	四	窮

위지사궁 : 사궁이라 하고,

빛 색	모양 용	반드시 필	씩씩할 장
色	容	必	莊

색용필장 : 얼굴은 반드시 씩씩하게 하는 것.

필 발	정사 정	베풀 시	어질 인
發	政	施	仁

발정시인 : 정사를 펴고 인을 베풀되,

이 시	이를 위	아홉 구	모양 용
是	謂	九	容

시위구용 : 이것이 구용이다.

먼저 선	베풀 시	넉 사	놈 자
先	施	四	者

선시사자 : 사궁에게 먼저 베풀어야 한다.

닦을 수	몸 신	정제할 제	집 가
修	身	齊	家

수신제가 : 몸을 닦고 집안을 정제하는 것은,

열 십	집 실	갈 지	마을 읍
十	室	之	邑

십실지읍 : 열 집 되는 작은 마을에도

다스릴 치	나라 국	갈 지	근본 본
治	國	之	本

치국지본 : 나라를 다스리는 근본이고,

반드시 필	있을 유	충성 충	믿을 신
必	有	忠	信

필유충신 : 반드시 충성스럽고 신의 있는 사람이 있다.

선비 사	농사 농	장인 공	장사 상
士	農	工	商

사농공상 : 선비와 농부와 공인과 상인은

으뜸 원	이 시	효도 효	놈 자
元	是	孝	者

원시효자 : 본래 효라는 것은

나라 국	집 가	이로울 리	쓸 용
國	家	利	用

국가이용 : 나라의 의로움이다.

할 위	어질 인	갈 지	근본 본
爲	仁	之	本

위인지본 : 인을 행하는 근본이다.

반드시필 나눌분 써이 먹을식	쌓을적 모질악 갈지 집가
必 分 以 食	**積 惡 之 家**
필분이식 : 반드시 서로 나누어 먹어야 하고,	적악지가 : 악을 쌓은 집안에는
한일 알립 갈지 곡식곡	반드시필 있을유 남을여 재앙앙
一 粒 之 穀	**必 有 餘 殃**
일립지곡 : 한 알의 곡식이라도	필유여앙 : 반드시 더할 재앙이 있을 것이니,
행할행 반드시필 바를정 곧을직	아닐비 나아 말씀언 늙을로
行 必 正 直	**非 我 言 老**
행필정직 : 행실은 반드시 정직해야 한다.	비아언로 : 내 말이 늙은이의 망령이라고 하지 말아라.
말씀언 곧즉 믿을신 열매실	생각할유 성인성 갈지 꾀모
言 則 信 實	**惟 聖 之 謨**
언즉신실 : 말은 믿음 있고 참되어야 하고,	유성지모 : 다만 성인의 법도이니,
한일 실루 갈지 옷의	탄식할차 탄식할차 적을소 아들자
一 縷 之 衣	**嗟 嗟 小 子**
일루지의 : 한 벌의 옷이라도,	차차소자 : 슬프도다, 아들아,
반드시필 나눌분 써이 옷의	공경할경 받을수 이차 글서
必 分 以 衣	**敬 受 此 書**
필분이의 : 반드시 서로 나누어 입어야 한다.	경수차서 : 공손한 마음으로 이글을 받아 수업하여라.
쌓을적 착할선 갈지 집가	● 三 綱(삼강)
積 善 之 家	父爲子綱(부위자강) : 아들은 아버지를 섬기는 근본이고 君爲臣綱(군위신강) : 신하는 임금을 섬기는 근본이고 夫爲婦綱(부위부강) : 아내는 남편을 섬기는 근본이다.
적선지가 : 선을 쌓은 집에는	● 五 倫(오륜)
반드시필 있을유 남을여 경사경	君臣有義(군신유의):임금과 신하는 의가 있어야 하고 父子有親(부자유친):아버지와 아들은 친함이 있어야 하며 夫婦有別(부부유별):남편과 아내는 분별이 있어야 하며 長幼有序(장유유서):어른과 어린이는 차례가 있어야 하고 朋友有信(붕우유신):벗과 벗은 믿음이 있어야 한다.
必 有 餘 慶	
필유여경 : 반드시 더 할 경사가 있고,	

原本解説

童 蒙 先 習
동   몽   선   습

〈동몽선습〉의 저자는 박세무(朴世茂)다. 박세무는 1487년(성종 18)에 나서 1564년(명종 19)에 사망했다. 자는 경번(景番), 호는 소요당(逍遙當)이다. 어려서부터 영리하여 12세에 아버지의 상을 당했으나 예를 다함이 어른과 같았다. 1531년에 문과에 급제하여 여러 벼슬을 거치는 동안 공이 많았다. 그는 성질이 안정(安靜)을 좋아해서 재산을 모으려하지 않고, 시속에 붙좇지 않았다. 착한 일을 좋아하고 의리를 중히 여겼으며, 부모에 효도하고 형제 간에 우애가 깊었다.

그가 지은 이 〈동몽선습〉은 어린이의 교육을 위한 우리 나라 최초의 교과서라는 점에서 귀중한 가치가 있다.

내용은 먼저 총론면에서, 인간이 짐승과 다른 점은 오륜(五倫)을 가졌기 때문이라고 하여 오륜의 내용을 설명하면서 이의 엄수를 강조한다. 그리고 뒤편에는 중국과 우리 나라의 간략한 역사를 서술했다.

이 책은 16세기 이후 우리 어린이 교과서로 널리 읽혀 왔다. 그 뒤 여러 곳에서 여러 차례 출간되고, 아직까지도 시골에서 많이 읽히고 있다.

天地之間萬物之衆에 惟人이 最貴
천 지 지 간 만 물 지 중 유 인 최 귀

所貴乎人者는 以其有五倫也라.
소 귀 호 인 자 이 기 유 오 륜 야

是故로 孟子一曰父子有親하며 君臣
시 고 맹 자 왈 부 자 유 친 군 신

有義 夫婦有別하며 長幼有序하며 朋友
유 의 부 부 유 별 장 유 유 서 붕 우

有信이라하시니 人而不知有五常則其違
유 신 인 이 부 지 유 오 상 즉 기 위

禽獸不遠矣라. 然則 父慈子孝하며
금 수 불 원 의 연 즉 부 자 자 효

君義臣忠 夫和 婦順하며 兄友弟恭
군 의 신 충 부 화 부 순 형 우 제 공

朋友輔仁然後에야 方可謂之人矣라.
붕 우 보 인 연 후 방 가 위 지 인 의

천지 사이에 있는 만물의 무리 중에서 오직 사람이 가장 귀하니 사람이 귀한 까닭은 다섯가지 인륜이 있기 때문이다. 그러므로 맹자께서 말씀하시기를, 어버이와 자식은 친함이 있고, 임금과 신하는 의리가 있으며, 남편과 아내는 분별이 있고, 어른과 어린이는 차례가 있으며, 벗 사이에 믿음이 있다 하시니, 사람으로서 이 오상(五常)을 알지 못하면 그것은 날짐승과 길짐승에 다름이 멀지 않다. 그러니 어버이는 인자하고 자식은 효성스러우며, 임금은 의롭고 신하는 충성스러우며, 남편은 온화하고 아내는 순하며, 형은 사랑하고 아우는 공경하며, 벗은 인(仁)을 도운 연후에야 비로소 사람이라 할 수 있다.

父子有親

父子는 天性之親이라 生而育之하고 愛而
부 자 천 성 지 친 생 이 육 지 애 이

教之하며 奉而承之하고 孝而養之하나니 是
교 지 봉 이 승 지 효 이 양 지 시

故로 教之以義方하여 弗納於邪하며 柔聲
고 교 지 이 의 방 불 납 어 사 유 성

以諫하여 不使得罪於鄉黨州閭하니
이 간 불 사 득 죄 어 향 당 주 려

어버이와 자식은 타고난 성품이 친하다. 어버이는 낳아서 기르고 사랑하고 가르치며, 자식은 받들면서 뒤를 잇고 효도하며 봉양한다. 그러므로 어버이는 자식을 옳은 방법으로 가르쳐 나쁜 곳에 들어가지 않도록 하며, 자식은 부드러운 소리로 간하여 세상에 죄를 짓는 일이 없도록 해야 한다.

苟或父而不子其子하며 子而不父其
구 혹 부 이 부 자 기 자 자 이 불 부 기

父하면 其何以立於世乎리요 雖然이나 天下에
부 기 하 이 입 어 세 호 수 연 천 하

無不是底父母라 父雖不慈나 子不
무 불 시 저 부 모 부 수 부 자 자 불

可以不孝니
가 이 불 효

아버지로써 그 자식을 자식으로 여기지 않고, 자식으로써 그 어버이를 어버이로 대접하지 않으면 그 어찌 세상에 설 수가 있는가? 그러나 천하에는 옳지 않은 부모가 없는 까닭에, 어버이가 비록 인자하지 않더라도 자식은 효도를 아니하지 못할지어다.

昔者에 大舜이 父頑母嚚하여 嘗欲殺舜
석 자 대 순 부 완 모 은 상 욕 살 순

이어늘 舜이 克諧以孝하사 蒸蒸乂하여 不格
순 극 해 이 효 증 승 에 불 격

姦하시니 孝子之道가 於斯에 至矣라 孔子
간 효 자 지 도 어 사 지 의 공 자

曰 五刑之屬이 三千이로되 而罪는 莫大
왈 오 형 지 속 삼 천 이 죄 막 대

於不孝라 하니라。
어 불 효

옛날 대순(大舜)이 아버지는 완악하고 어머니는 모질어 일찌기 순을 죽이고자 하였으나, 순은 능히 효도로서 화합하기를 힘써 점점 나아져 간악함에 이르지 않게 하였으니 효자의 도는 이와 같이 지극하다. 그래서 공자께서 말씀하시기를, 「오형(五刑)에 속한 것이 삼천이나 되지만 불효보다 더 큰 죄는 없다」고 하셨다.

君臣有義

君臣은 天地之分이라 尊且貴焉하며 卑且
군 신 천 지 지 분 존 차 귀 언 비 차

賤焉하니 尊貴之使卑賤과 卑賤之事
천 언   존 귀 지 사 비 천   비 천 지 사

尊貴는 天地之 常經이며 古今之通義
존 귀   천 지 지 상 경   고 금 지 통 의

是故로 君者는 體元而發號施令者
시 고   군 자   체 원 이 발 호 시 령 자

也요 臣者는 調元而陳善閑邪者也라。
야   신 자   조 원 이 진 선 폐 사 자 야

會遇之際에 各盡其道하여 同寅協恭
회 우 지 제   각 진 기 도   동 인 협 공

하여 以臻至治하나니
  이 진 지 치

임금과 신하는 하늘과 땅의 분수라. 임금은 높고 귀하며 신하는 낮고 천하니, 높고 귀한 임금이 낮고 천한 신하를 부리는 것과, 낮고 천한 신하가 높고 귀한 임금을 섬기는 것은 하늘과 땅의 떳떳한 도리이며 옛날과 지금에 공통되는 의리이다.

그러므로 임금은 하늘의 원리를 몸받아 호령을 발하고 명령을 내리는 이요, 신하는 그 원리를 조화시켜 착한 일을 베풀고 간사함을 막는 자다. 임금과 신하가 모이고 만날 때는 각기 그 도리를 다하여, 함께 공경하고 서로 삼가서 훌륭한 정치에 이르게 하여야 한다.

苟或君而不能盡君道하여 臣而不能
구 혹 군 이 불 능 진 군 도   신 이 불 능

修臣職이면 不可與共治天下國家也
수 신 직   불 가 여 공 치 천 하 국 가 야

니라。雖然이나 吾君不能을 謂之賊이니 昔者
  수 연   오 군 불 능 위 지 적   석 자

에 商紂가 暴虐이어늘 比干이 諫而死하니 忠
  상 주   폭 학   비 간 간 이 사   충

97

臣之節이 於斯에 盡矣라。 孔子曰 臣
신 지 절 어 사 진 의   공 자 왈 신

事君以忠이라 시니라。
사 군 이 충

　　진실로 혹 임금으로써 임금의 도리를 다하지 못하며, 신하로써 신하의 직책을 닦지 못
한다면 함께 천하와 국가를 다스리지 못할 것이다. 그러나 우리 임금의 능하지 못함을 적
(賊)이라고 말하니, 옛날에 상나라 주왕이 모질고 사나왔는데, 비간이 간하다가 죽으니
충신의 절개는 이에서 다했다. 그래서 공자께서 말씀하시기를, 「신하가 임금을 섬기는데
는 충성으로서 해야 한다」고 하셨다.

夫婦有別

夫婦는 二姓之合이라 生民之始며 萬福
부 부   이 성 지 합   생 민 지 시   만 복

之原이니 行媒議婚하며 納幣親迎者는 厚
지 원   행 매 의 혼   납 폐 친 앙 자   후

其別也라 是故로 娶妻하되 不娶同姓하며
기 별 야   시 고   취 처   불 취 동 성

爲宮室辨內外하여 男子는 居外而不
위 궁 실 변 내 외   남 자   거 외 이 불

言內하고 婦人은 居內而不言外하니 苟能
언 내   부 인   거 내 이 불 언 외   구 능

98

莊以涖之하여 以體乾健之道하고 柔以
장 이 이 지 이 체 건 건 지 도 유 이

正之하여 以承坤順之 義則家道 正矣라
정 지 이 승 곤 순 지 의 즉 가 도 정 의

남편과 아내는 두 성(姓)의 결합으로, 백성을 태어나게 하는 시초며 모든 복의 근원이다. 중매를 통하여 혼인을 의논하며 폐백을 드리고 친히 맞이하는 것은 그 분별을 두텁게 함이다. 그러므로 아내를 취하되 같은 성을 취하지 않고, 집을 짓되 안과 밖을 분별하여 남자는 밖에 있으면서 안의 일을 말하지 않고, 부인은 안에 거처하면서 밖의 일을 말하지 않는다. 진실로 남편은 씩씩함으로서 제 위치를 지켜 하늘의 건전한 도리를 몸받고 아내는 부드러움으로서 바로잡아 땅의 순종하는 의리를 이어나가면 집안의 도리는 올바르게 되려니와

反是而夫不能專制하여御之不以其
반 시 이 부 불 능 전 제 어 지 불 이 기

道하고婦乗其夫하여事之不以其義하여昧
도 부 승 기 부 사 지 불 이 기 의 매

三從之道하고有七去之惡則家道가
삼 종 지 도 유 칠 거 지 악 즉 가 도

索矣라須是夫敬其身하여以帥其婦하고
색 의 수 시 부 경 기 신 이 솔 기 부

婦敬其身하여以承其夫하고 内外和順
부 경 기 신 이 승 기 부 내 외 화 순

하여 父母 其安樂之矣라。
부 모 기 안 락 지 의

이에 반하여 남편이 오로지 제어할 수가 없어서 지배하기를 도리로써 하지 못하고, 아내가 남편을 이겨서 섬김을 그 의리로써 아니하여, 삼종지도를 알지 못하고 칠거지악이 있으면 집안의 도리가 어지러워진다. 반드시 남편은 자신을 삼가 그 아내를 거느리고 아내도 자신을 삼가 그 남편을 받을어서 내외가 화평하고 유순해야 부모가 안락을 누릴 수 있다.

昔者에 郤缺이 耨할새 其妻가 饁之하되 敬하여
석　자　극　결　누　기　처　엽　지　경

相待如賓하니 夫婦之道는 當如是也
상　대　여　빈　부　부　지　도　당　여　시　야

라 子思曰 君子之道는 造端乎 夫婦
자　사　왈　군　자　지　도　조　단　호　부　부

하시
니라。

옛날에 극결이 밭에서 김을 맬 때에 그 아내가 밥을 내오는데 공경하여 대접함이 손을
대하는 것 같았다. 부부의 도리는 마땅히 이와 같아야 한다. 그러므로 자사는 말하기를,
「군자의 도리는 부부에서 처음으로 비롯된다」고 하였다.

長幼有序

長幼는 天倫之序라。兄之所以爲兄과
장　유　천　륜　지　서　형　지　소　이　위　형

弟之所以爲弟는 長幼之道가 所自
제　지　소　이　위　제　장　유　지　도　소　자

出也라 蓋宗族鄉黨에 皆有長幼하니 不
출　야　개　종　족　향　당　개　유　장　유　불

可紊也라 徐行後長者를 謂之弟요 疾
가　문　야　서　행　후　장　자　위　지　제　질

行先長者를 謂之不弟라 是故로 年長
행 선 장 자 위 지 부 제 시 고 연 장

以倍則父事之하고 十年以長則兄事
이 배 즉 부 사 지 십 년 이 장 즉 형 사

之하며 五年以長則肩隨之니 長慈幼
지 오 년 이 장 즉 견 수 지 장 자 유

하고 幼敬長然後에야 無侮少凌長之弊
유 경 장 연 후 무 모 소 능 장 지 폐

而人道는 正矣라。
이 인 도 정 의

　어른과 어린이는 천륜의 차례. 형이 형 되는 까닭과 아우가 아우되는 까닭에서 어른과 어린이의 도리가 비롯되는 것이다. 대개 종족과 향당에는 모두 어른과 어린이가 있으니 문란하게 해서는 안된다. 천천히 행하여 어른의 뒤를 따라가는 자를 공손하다 이르고, 빨리 행해서 어른을 앞서 가는 자를 공손하지 않다 하는 것이다. 그러므로 나이가 많음이 배가 되면 어버이와 같이 섬기고, 10년이 위면 형과 같이 섬기며, 5년이 위면 어깨를 나란히 하고 따라간다. 어른은 어린이를 사랑하고 어린이가 어른을 공경한 연후에야 젊은이를 업신여기고 어른을 능멸하는 폐단이 없어 사람의 도리가 바르게 될 것이다.

而況兄弟는 同氣之人이라 骨肉至親이니
이 황 형 제 동 기 지 인 골 육 지 친

尤當友愛하고 不可藏怒宿怨하여 以敗
우 당 우 애 불 가 장 노 숙 원 이 패

天常也라 昔者에 司馬光이 與其兄伯
천 상 야 석 자 사 마 광 여 기 형 백

康으로 友愛尤篤하여 敬之如嚴父하고 保之
강 우 애 우 독 경 지 여 엄 부 보 지

101

如嬰兒하니 兄弟之道가 當如是也라 孟
여영아 형제지도 당여시야 맹

子曰 孩提之童이 無不知愛其親하며
자왈 해제지동 무부지애기친

及其長也엔 無不知敬其兄也라하시니라。
급기장야 무부지경기형야

　　그러니 하물며 형제는 동기의 사람이라, 골육의 지친이니, 더욱 마땅히 우애하고 가히 노여움을 감추며, 원망을 품거나 해서 천륜의 떳떳함을 잘못 되게 해서는 안된다.
　　옛날에 사마광이 그의 형 백강과 더불어 우애가 너욱 독실하여 공경하기를 아버지같이 하고 보호하기를 어린애같이 하였으니, 형제의 도리는 마땅히 이러해야 한다. 맹자께서 말씀하시기를 「어린 아이가 그 어버이를 사랑할 줄 모르는 일이 없으며, 자라서는 그 형을 공경할 줄 모르는 일이 없다」하셨다.

朋友有信

朋友는 同類之人이라 益者가 三友요 損者가
붕우 동유지인 익자 삼우 손자

三友니 友直하며 友諒하며 友多聞이면 益矣요
삼우 우직 우량 우다문 익의

友便辟하며 友善柔하며 友便佞하면 損矣라。
우편벽 우선유 우편녕 손의

友也者는 友其德也라 自天子로 至於
우야자 우기덕야 자천자 지어

庶人^에 未有不須友以成者^{하니} 其分
서 인 미 유 불 수 우 이 성 자 기 분

^이 若疎而其所關^이 爲至親^{하니}
약 소 이 기 소 관 위 지 친

벗과 벗은 같은 무리의 사람이다. 유익한 벗이 세 종류 있고 해로운 벗이 세 종류가 있으니, 벗이 곧고 벗이 미더우며 벗이 견문이 넓으면 이롭고, 벗이 편벽되고 벗이 유약하며 벗이 아첨하면 해롭다. 벗이란 그 덕을 벗하는 것이라 천자로부터 서인에 이르기까지 반드시 벗으로써 이루지 못하는 자가 없으니 그 정분이 성긴 듯 하면서도 그 관계하는 바가 매우 친하게 된다.

是故^로 取友^를 必端人^{하며} 擇友^를 必勝
시 고 취 우 필 단 인 택 우 필 승

己^니 要 當責善以信^{하며} 切切偲偲^{하여}
기 요 당 책 선 이 신 절 절 시 시

忠告而 善道之^{하다가} 不可則止^{니라}。
충 고 이 선 도 지 불 가 즉 지

그러므로 벗을 취하되 반드시 단정한 사람이어야 하며 친구를 선택하되 반드시 자기보다 나아야 한다. 그래서 마땅히 꾸짖고 믿음으로써 착하게 하고 간절히 진실하게 충고하며 선으로 인도하다가 안되면 그만 둘 것이다.

苟或 交遊之際^에 不以切磋琢磨^로
구 혹 교 우 지 제 불 이 절 차 탁 마

爲相與^{하고} 但以歡狎戲 謔^{으로}爲相親
위 상 여 단 이 환 압 희 학 위 상 친

則安能久而不疎乎^{리요}。昔者^에 晏子^는 與
즉 안 능 구 이 불 소 호 석 자 안 자 여

人交^{하되} 久而敬之^{하니} 朋友之道^는 當
인 교 구 이 경 지 붕 우 지 도 당

如是也라 孔子曰 不信乎朋友이면 不
여시야 공자왈 불신호붕우 불

獲乎上矣라。 信乎朋友에 有道하니 不順
획호상의 신호붕우 유도 불순

乎親이면 不信乎朋友矣라하시니라。
호친 불신호붕우의

　진실로 혹 사귀어 놀 때에 절차탁마로 서로 관여하지 않고 다만 장난이나 하고 익살이
나 하며 서로 친해진다면 어찌 능히 오래도록 틀려지지 않을 수 있겠는가? 옛날에 안자
는 남과 교제할 때 오래도록 공경하였으니, 벗끼리의 도리는 마땅히 이러해야 한다. 그러
므로 공자께서 말씀하시기를, 「친구들에게 신용이 없으면 웃사람에게도 신망을 얻지 못한
다. 친구들에게 신용을 얻는 방도가 있으니 어버이에게 공손하지 못하면 친구들에게도 신
용이 없다」하셨다.

總　　論

此五品者는 天叙之典而人理之所
차오품자 천서지전이인리지소

固有者라 人之行이 不外乎五者 而이
고유자 인지행 불외호오자 이

唯孝가 爲百行之源이라 是以로 孝子之
유효 위백행지원 이시 효자지

事親也엔 鷄初鳴이어든 咸盥漱하고 適父
사친야 계초명 함관수 적부

104

母之所하여 不氣怡 聲하여 問衣燠寒하며 問
모 지 소 불 기 이 성 문 의 욱 한 문

何食飲하며 冬溫而夏淸하며 昏定而晨
하 식 음 동 온 이 하 청 혼 정 이 신

省하며 出必告하며 反必面하며 不遠遊하며 遊
성 출 필 고 반 필 면 불 원 유 유

必有方하며 不敢有其身하며 不敢私其
필 유 방 불 감 유 기 신 불 감 사 기

財라。
재

이 다섯 가지 윤리는 하늘이 편 법전이요, 사람의 도리로 본디부터 가지고 있는 바다. 사람의 행실은 이 다섯 가지를 벗어나지 않으나 오직 효도가 모든 행실의 근원이 된다. 그러므로 효자가 어버이를 섬김엔 닭이 처음 울거든 세수와 양치질을 다 하고, 부모님의 처소로 가서 기운을 나직이 하고 부드러운 목소리로 옷이 더운가 추운가 묻자오며, 무엇을 잡숫고 싶은가를 묻자오며, 겨울에는 따뜻하게 해드리고 여름에는 서늘하게 해드리며, 저녁에는 잠자리를 정해드리고 새벽에는 문안드리며, 외출할 때는 반드시 고하고 돌아와서는 반드시 뵈오며, 멀리 나돌아 다니지 않고 나돌아 다니는데는 반드시 행방을 알리며, 감히 마음대로 몸가짐을 하지 않고 재물을 멋대로 처리하지 않는다.

父母가 愛之어든 喜而不忘하며 惡之어든 懼
부 모 애 지 희 이 불 망 오 지 구

而無怨하며 有過어든 諫而不逆하고 三諫而
이 무 원 유 과 간 이 불 역 삼 간 이

不聽이어든 則號泣而隨之하며 怒而撻
불 청 즉 호 읍 이 수 지 노 이 달

之流血이라도 不敢疾怨하며 居則致其敬
지 유 혈 불 감 질 원 거 즉 치 기 경

105

養則致其樂하고 病則致其憂하고 喪則
양 즉 치 기 락 병 즉 치 기 우 상 즉

致其哀하고 祭則致其嚴이니라。
치 기 애 제 즉 치 기 엄

부모가 사랑하거든 기뻐하여 잊지 말며 미워하면 두려워하면서도 원망하지 말며, 부모
가 잘못하는 일이 있으면 간하되 거슬리지 말며, 세번 간해도 듣지 않으시거든 울면서 따
른다. 또 부모가 노하여 때려 피가 나더라도 감히 미워하거나 원망하지 말아야 한다. 부모
가 계실 땐 공경을 다하고, 봉양할 때는 즐거움을 다하며, 병환에는 근심을 다하고, 돌아
가시면 슬픔을 다하며 제사에는 엄숙함을 다해야 한다.

若夫人子之不孝也는 不愛其親이요
약 부 인 자 지 불 효 야 불 애 기 친

而愛他人하며 不敬其親이요 而敬他人하며
이 애 타 인 불 경 기 친 이 경 타 인

惰其四肢하여 不顧父母之養하며 博奕
타 기 사 지 불 고 부 모 지 양 박 혁

好飮酒하여 不顧父母之養하며 好貨財하며
호 음 주 불 고 부 모 지 양 호 화 재

私妻子하여 不顧父母之養하며 從耳目
사 처 자 불 고 부 모 지 양 종 이 목

之好하여 以爲父母戮하며 好勇鬪狠하여
지 호 이 위 부 모 육 호 용 투 완

以危父母하느니라。
이 위 부 모

만일 사람의 자식으로서 불효를 하는 자는 그 어버이를 사랑하지 아니하고 다른 사람을
사랑하며, 그 어버이를 공경하지 아니하고 다른 사람을 공경하며, 그 사지를 게을리 하여

부모의 봉양을 돌보지 아니하며, 장기·바둑이나 두고 술 마시기를 좋아하여 부모의 봉양을 돌보지 않으며, 보화와 재물을 좋아하고 처자를 사사로이 하여 부모의 봉양을 돌보지 않으며, 이목의 좋아함만 따라 부모를 욕되게 하며, 용기를 좋아하여 싸움을 사납게 하여 부모를 위태롭게 한다.

噫라 欲觀其人이 行之善不善인댄 必先
희 욕 관 기 인 행 지 선 불 선 필 선

觀其人之孝不孝니 可不愼哉며 可
관 기 인 지 효 불 효 가 불 신 재 가

不懼哉아 苟能孝於其親則推之於
불 구 재 구 능 효 어 기 친 즉 추 지 어

君臣也와 夫婦也와 長幼也와 朋友
군 신 야 부 부 야 장 유 야 붕 우

也에 何往而不可哉리요。 然則孝之 於
야 하 왕 이 불 가 재 연 즉 효 지 어

人에 大矣而亦非高遠難行之事也라
인 대 의 이 역 비 고 원 난 행 지 사 야

然이나 自非生知者면 必資學問而知
연 자 비 생 지 자 필 자 학 문 이 지

之니 學問之道는 無他라 將欲通古 今
지 학 문 지 도 무 야 장 욕 통 고 금

하며 達事理하여 存之於心하며 體之於身이니
달 사 리 존 지 어 심 체 지 어 신

可不勉其學問之 力哉아 玆用摭其
가 불 면 기 학 문 지 력 재 자 용 차 기

107

歷代要義하여 書之于左하노라。
역대요의 서지우좌

　　슬프다! 그 사람의 행실이 착하고 착하지 못함을 보고자 하면 반드시 먼저 그 사람의 효성스러움과 효성스럽지 아니함을 볼 것이니, 가히 삼가지 않으며 가히 두려워하지 않겠는가? 진실로 그 어버이에게 효도를 할 수 있으면, 임금과 신하 사이에서나, 남편과 아내 사이에서나, 어른과 어린이 사이에서나, 벗과 벗 사이에서도 미루어 어디를 가나 옳지 않겠는가? 그러니 효도란 사람에게 중대한 일이지만 또 높고 멀어서 행하기 어려운 일도 아니다.

　　그러나 나면서부터 아는 자가 아니면 반드시 학문에 의하여 알아야 하나니, 학문의 길은 다름이 아니라, 장차 옛날과 오늘의 일에 통하며, 사물의 이치에 통달하여 이를 마음에 간직하고 이를 몸에 몸받는 것이니, 가히 그 학문을 기르는 데 힘쓰지 않겠는가? 이에 그 역대의 요점을 모아서 다음에 적는다.

蓋自太極肇判하여 陰陽始分으로 五行이
개 자 태 극 조 판 음 양 시 분 오 행

相生에 先有理氣이기 人物之生이 林林
상 생 선 유 이 기 인 물 지 생 임 림

總總하더니 於是에 聖人이 首出하여 繼天立
총 총 어 시 성 인 수 출 계 천 입

極하시니 天皇氏와 地皇氏와 人皇氏와 有
극 천 황 씨 지 황 씨 인 황 씨 유

巢氏와 燧人氏가 是爲太古니 在書契
소 씨 수 인 씨 시 위 태 고 재 서 계

以前이라 不可考라。
이 전 불 가 고

　　대체로 태극이 처음으로 갈라져 음양이 비로소 나뉨으로부터 요행이 서로 생기고, 먼저 이기가 있었으므로 사람과 물건이 많아졌다. 이에 성인이 먼저 나타나 하늘의 뜻을 이어 등극하니 천황씨·지황씨·인왕씨·유소씨·수인씨가 곧 그들이다. 이때는 태고적으로 서계가 있기 이전이라 가히 참고할 수가 없다.

伏羲氏가 始畫八卦하며 造書契하여 以代
복 희 씨　시 획 팔 괘　조 서 계　이 대

結繩之政하고 神農氏가 作耒耜하며 制醫
결 승 지 정　신 농 씨　작 뢰 사　제 의

藥하고 黃帝氏가 用干戈하며 作舟車하며 造
약　황 제 씨　용 간 과　작 주 거　조

曆算하며 制音律하시니 是爲三皇이니 至德
력 산　제 음 율　시 위 삼 황　지 덕

之世라 無爲面治하니라。
지 세　무 위 이 치

少昊와 顓頊과 帝嚳과 帝堯와 帝舜이 是
소 호　전 욱　제 곡　제 요　제 순　시

爲五帝라 皐夔稷契이 佐堯舜而堯舜
위 오 제　고 기 직 설　좌 요 순 이 요 순

之治는 卓冠百王이라 孔子가 定書에 斷
지 치　탁 관 백 왕　공 자　정 서　단

自唐虞하시니라。
자 당 우

복희씨가 비로소 팔괘를 만들고 서계를 만들어 결승의 정치를 대신하고, 신농씨가 농기
구를 만들고 의술과 약을 만들었으며, 황제씨가 방패와 창을 만들고 배와 수레를 만들며
달력과 산수를 만들고 음률을 제정하니 이들이 삼황이다. 이 때는 지덕의 세상이라 무위
로 다스렸다.
　소호·전욱·제곡·제요·제순이 오제요, 고·기·직·설이 요순을 도우니, 그 정치는
모든 왕의 으뜸이 되었다. 그래서 공자께서 〈서경〉을 정리할 때 당우로부터 잘랐다.

夏禹와 商湯과 周文王武王이 是爲三
하 우　상 탕　주 문 왕 무 왕　시 위 삼

王^{이니} 歷年^이 或四百^{하며} 或六百^{하며} 或八
왕　　역년　이 혹사백　　혹육백　　　혹팔

百^{하니} 三代之隆^을 後世莫及而商之
백　　삼대지륭　을 후세막급이상지

伊尹傳説^과 周之周公召公^이 皆賢
이윤부열　과 주지주공소공　이 개현

臣也^라 周公^이 制禮作樂^{하시니} 典章法
신야　라 주공　이 제례작악　　　 전장법

度^가 粲然極備^{하더니} 及其衰也^{하여} 五霸
도　가 찬연극비　　　 급기쇠야　　 오패

樓諸候^{하며} 以匡王室^{하느니라。}
누제후　　 이광왕실

하나라 우왕과 상나라 탕왕과 주나라 문왕·무왕이 삼왕이 되니, 그 지낸 햇수가 혹은 4백년이요 혹은 6백년이며 혹은 8백년이 되니 이 삼대의 융성함을 후세에는 미칠 이가 없었다. 상나라의 이윤·부열과 주나라의 주공·소공은 모두 어진 신하다. 주공이 예법을 만들고 음악을 만드니 온갖 전장과 법도가 찬연히 모두 갖추어졌었는데, 그 나라가 쇠진하자 오패가 제후를 이끌고 왕실을 바로잡으니 제환공과 진문공과 송양공과 진목공과 초장왕이 서로 하의 맹서를 주장했으므로 왕의 위령이 떨치지 못했다.

孔子^는 以天縱之聖^{으로} 轍環天下^{하여} 道
공자　는 이천종지성　으로 철환천하　　 도

不得行于世^{하여} 删詩書^{하고} 定禮樂^{하며}
부득행우세　　 산시서　고 정례악　　

贊周易^{하고} 修春秋^{하여} 繼往聖開來學
찬주역　고 수춘추　　 계왕성개래학

^{하고} 而傳其道者^는 顔子曾子^라 事在論
　 이전기도자　는 안자증자　라 사재논

110

語^라曾子之門人^이述大學^{하니}^라。
어　　증 자 지 문 인　　술 대 학

공자는 하늘이 내신 성인으로, 천하를 철환하였으나 도를 천하에 펼 수가 없어 〈시경〉과 〈서경〉을 정리하고, 예악을 정하고 〈주역〉을 해석하고, 〈춘추〉를 지어 기왕의 성현을 계승하고 후세의 학자를 열어 놓았으니 그 도를 전한 자는 안자와 증자인데, 사적은 〈논어〉에 실려 있다. 증자의 문인이 〈대학〉을 지었다.

列國^은　則曰魯^와　曰衛^와　曰晉^과　曰鄭
열 국　　즉 왈 노　　왈 위　　왈 진　　　왈 정

^과　曰曹^와　曰蔡^와　曰燕^과　曰吳^와　曰齊
　　왈 조　　왈 채　　왈 연　　왈 오　　왈 제

^와　曰宋^과　曰陳^과　曰楚^와　曰秦^{이니}　干戈
　　왈 송　　왈 진　　왈 초　　왈 진　　　간 과

日尋^{하여}戰爭^이不息^{하여}遂爲戰國^{하니}秦
일 심　　전 쟁　　불 식　　수 위 전 국　　　진

楚燕齊韓魏趙^가是爲七雄^{이라}孔子
초 연 제 한 위 조　　시 위 칠 웅　　　공 자

之孫子思^가生斯時^라^{하여}作中庸^{하시고}其
지 손 자 사　　생 사 시　　작 중 용　　　기

門人之弟孟軻^가陳王道於齊梁^{하나}
문 인 지 제 맹 가　　진 왕 도 어 제 량

道又不行^{하여}作孟子七篇而異端縱
도 우 불 행　　작 맹 자 칠 편 이 이 단 종

橫功利之說^이盛行^{이라}。吾道^가不傳^{이다}。
횡 공 리 지 설　　성 행　　　오 도　　부 전

及秦始皇하여 吞二周하고 滅六國廢封建
급 진시황 탄 이주 멸육국폐봉건
하고 爲郡縣하며 焚詩書하고 坑儒生하니 二世
위군현 분시서 갱유생 이세
而亡하다
이 망

열국은 노·위·진·정·조·채·연·오·제·송·진·초·진이니, 날마다 무기를 준
비하여 전쟁이 그치지 않아 드디어 전국시대가 되었다. 그 가운데 진·초·연·제·한·
위·조가 곧 칠웅이다. 공자의 손자 자사가 이 때에 태어나 〈중용〉을 짓고 그 문인의 제자
인 맹가가 제나라와 양나라에 왕도를 펴려 했으나, 도가 또한 행하여지지 않아 〈맹자〉 7편
을 지었으나 이단·종횡·공리의 설들이 성행해서 우리의 도 곧 유교의 도는 전해지지 못
했다.
진시황에 이르러서는 이주를 삼키고 육군을 멸하며 봉건제도를 폐하고 군현제도를 실시
하며 시서를 불태우고 유생을 묻어 버리니 두 대에서 망했다.

漢高祖가 起布衣成帝業하여 歷年이 四
한 고 조 기 포 의 성 제 업 역 년 사
百하되 在明帝時하여 西域佛法이 始通中
백 재명제시 서역불법 시통중
國하여 惑世誣民하니 蜀漢과 吳와 魏의 三
국 혹세무민 촉한 오 위 삼
國이 鼎峙하니 而諸葛亮이 仗義扶漢하다가
국 정치 이제갈양 장의부한
病卒軍中하니 晉有天下에 歷年이 百餘
병졸군중 진유천하 역년 백여
라。

한고조가 포의로 일어나서 황제의 업을 이루어 역년이 4백년이었는데, 명제 때에 서역
의 불교가 비로소 중국으로 들어와 세상을 현혹시키고 백성을 속였다. 촉한과 오와 위의
세 나라가 정립하여 대치할 때 제갈양이 정의를 위하여 한을 보전하려다가 군중에서 병으
로 죽었다. 진이 천하를 차지하고 역년이 백여년이었다.

五胡가 亂華하니 宋 齊 梁 陳에 南北分
오 호 난 화 송 제 양 진 남 북 분

裂이러니 隋能混一하되 歷年이 三十이라。
열 수 능 혼 일 역 년 삼 십

오호가 중화를 어지럽히니 송·제·양·진에 남북이 분열되었다가 수나라가 능히 천하를 하나로 통일하였는데 겨우 역년이 30년이었다.

唐高祖와 太宗이 乘隋室亂하여 化家爲
당 고 조 태 종 승 수 실 난 화 가 위

國하여 歷年三百하니라。五季는 朝得暮失하여
국 역 년 삼 백 오 계 조 득 모 실

大亂이 極矣라。
대 란 극 의

당나라 고조와 태종은 수나라가 어지러운 틈을 타서 집을 만들고 국가를 이룩하여 역년이 3백이었다.
후량과 후당과 후진과 후한과 후주가 오계로 되니 아침에 얻었다가 저녁에 잃어 대란이 극했다.

宋 太祖가 立國之初에 五星이 聚奎하여
송 태 조 입 국 지 초 오 성 취 규

濂洛關閩에 諸賢이 輩出하니 若周惇頤
염 낙 관 민 제 현 배 출 약 주 돈 이

와 程顥와 程頤와 司馬光과 張載와 邵雍과
정 호 정 이 사 마 광 장 재 소 옹

朱熹가 相繼而起하여 以闡明斯道로
주 희 상 계 이 기 이 천 명 사 도

爲己任^{하되} 身且不得見容而朱子^가
위 기 임 신 차 부 득 견 용 이 주 자

集諸家說^{하여} 註四書五經^{하시니} 其有
집 제 가 설 주 사 서 오 경 기 유

功於學者^가 大矣^{로다} 然而國勢^가 不競
공 어 학 자 대 의 연 이 국 세 불 경

^{하여} 歷年三百^{하니}
역 년 삼 백

契丹^과 蒙古^와 遼^와 金^이 迭爲侵軼而
글 단 몽 고 요 금 질 위 침 질 이

及其垂亡^{하여} 文天祥^이 竭忠報宋^{하다가}
급 기 수 망 문 천 상 갈 충 보 송

竟死燕獄^{하니라。}
경 사 연 옥

송나라 태조가 나라를 세운 처음에 다섯 개의 별이 규성에 모여 염·낙·관·민에 여러 현인이 무리로 나타나니 주돈이와 정호와 정이와 사마광과 장재와 소옹과 주희가 서로 이어 일어나 도를 열어 밝힘으로서 자신의 임무로 삼되 몸이 용납함을 보지 못하더니, 주자가 제자의 설을 모아 사서와 오경에 주를 다니, 그 학자에게 공을 끼침이 컸다.

그러나 나라의 형제가 강하지 못하여 역년이 3백에 글안과 몽고와 요와 금이 번갈아 침노하고 마주 쳐서 나라가 거의 망하게 되자 문천상이 충성을 다하여 송나라에 보답하다가 마침내 연의 옥에서 죽었다.

大明^이 中天^{하여} 聖繼神承^{하니} 於千萬年
대 명 중 천 성 계 신 승 어 천 만 년

^{이로다} 嗚呼^라 三網五常之道^가 與天地
오 호 삼 강 오 상 지 도 여 천 지

^로 相終始^{하니} 三代以前^{에는} 聖帝明王^과
상 종 시 삼 대 이 전 성 제 명 왕

賢相良佐가 相與講明之故로 治日
현 상 양 좌 상 여 강 명 지 고 치 일

이 常多하고 亂日이 常少하더니。
상 다 난 일 상 소

대명이 천은에 적중하여 성자 신손이 뒤를 이어 계승하니 아! 천년 만년을 이으리라. 슬프다! 삼강과 오상의 도가 천지와 더불어 서로 종시를 같이 하니, 삼대 이전에는 성스러운 황제와 밝은 군주와 어진 재상과 선량한 보좌인이 서로 이 삼강·오상의 도를 강론하여 밝혔으므로 다스려진 날이 항상 많고, 어지러워진 날이 항상 적었다.

三代以後에는 庸君暗主와 亂臣賊子
삼 대 이 후 용 군 암 주 난 신 적 자

가 相與敗壞之故로 亂日이 常多하고 治
상 여 패 괴 지 고 난 일 상 다 치

日이 常少하니 其所以世之治亂安危와
일 상 소 기 소 이 세 지 치 란 안 위

國之與廢存亡이 皆由於人倫之明
국 지 흥 폐 존 망 개 유 어 인 륜 지 명

不明如耳라 可不察哉아。
불 명 여 이 가 불 찰 재

임금과 어두운 군주와 문란한 신하와 역적이 서로 패배시키고 파괴하였으므로 어지러운 날이 항상 많고 다스려진 날이 항상 적었다. 그 세상이 다스려지거나 문란해지거나 편안하거나 위태하거나 나라가 흥하거나 패배하거나 존속하거나 망하는 까닭이 모두 인륜이 밝으냐 밝지 못하느냐 여하에 달린 것이니 가히 살피지 않겠는가?

東方에 初無君長이더니 有神人이 降于
동 방 초 무 군 장 유 신 인 강 우

太白山檀木下하여 神靈明智어늘 國人이
태 백 산 단 목 하 신 령 명 지 국 인

立以爲君_{하니} 與堯_로 竝立_{하여} 國號_를 朝
입이위군 여요 병립 국호 조

鮮_{이라하니} 是爲檀君_{이라} 殷太師箕子_가 率
선 시위단군 은태사기자 솔

衆東來_{하여} 敎民禮儀_{하고} 設八條之敎_{하니}
중동래 교민예의 설팔조지교

有仁賢之化_{하더라}。
유인현지화

동방에 처음에는 임금이 없더니 신인이 태백산 박달나무 아래로 내려오자 나라 사람들이 이를 임금으로 세웠다. 그래서 중국의 요임금과 병립하여 국호를 조선이라 하니 이가 곧 단군이다.

주나라 무왕이 기자를 조선에 봉하여 백성들에게 예의를 가르치고 팔조의 교법을 베풀자 인현의 교화가 있게 되었다.

燕人衛滿_이 因盧綰亂_{하여} 亡命來_{하여} 誘
연인위만 인노관란 망명래 유

逐箕準_{하고} 據王儉城_{하더니}
축기준 거왕검성

至孫右渠_{하여} 漢武帝_가 討滅之_{하시고} 分
지손우거 한무제 토멸지 분

其地_{하여} 置樂浪臨屯玄菟眞蕃四郡
기지 치낙랑임둔현도진번사군

_{하다}昭帝_가 以平那玄菟_로 爲平州_{하고} 臨
소제 이평나현도 위평주 임

屯樂浪_{으로} 爲東府二都督府_{하다}。
둔낙랑 위동부이도독부

116

연나라 사람 위만이 망명하여 와서 기준을 꾀어 내쫓고 왕검성에 웅거하더니 손자 우거에 이르러 한나라 무제가 쳐서 멸하고 그 땅을 나누어 낙랑·임둔·현도·진번의 네 군을 두었다. 소재는 평나와 현도로서 평주로 삼고, 임둔과 낙랑으로 동부의 두 도독부를 삼았다.

箕準이 避衛滿하여 浮海而南하여 居金馬
기 준   피 위 만   부 해 이 남   거 금 마

郡하니 是爲馬韓이라 秦亡人이 避入韓이어늘
군   시 위 마 한   진 망 인   피 입 한

韓이 割東界하여 以與하니 是爲辰韓이라。 弁
한   할 동 계   이 여   시 위 진 한   변

韓則 立國於韓地하니 不知其始祖年
한 즉 입 국 어 한 지   부 지 기 시 조 연

代라 是爲三韓이라。
대   시 위 삼 한

기준이 위만을 피하여 바다로 해서 남쪽으로 가 금마군에 기처하니 이것이 마한이다. 진나라에서 망명하여 온 사람이 진나라를 피하여 한으로 들어오므로 한이 동쪽 경계를 쪼개어 주니 이것이 진한이 되었다. 변한은 한나라 땅에 나라를 세웠으나 그 시조와 연대를 알지 못한다. 이를 삼한이라 한다.

新羅始祖赫居世는 都辰韓地하여 以
신 라 시 조 혁 거 세   도 진 한 지   이

朴으로 爲姓하고 高句麗始祖朱蒙은 至卒
박   위 성   고 구 려 시 조 주 몽   지 졸

本하여 自稱高辛氏之後라하여 因姓高하고
본   자 칭 고 신 씨 지 후   인 성 고

百濟始祖溫祚는 都河南慰禮城하여
백 제 시 조 온 조   도 하 남 위 례 성

以扶餘^로爲氏^{하여}三國^이各保一隅^{하여}
이 부 여 위 씨 삼 국 각 보 일 우

互相侵伐^{하더니}
호 상 침 벌

其後^에唐高宗^이滅百濟高句麗^{하고}分
기 후 당 고 종 멸 백 제 고 구 려 분

其地^{하여}置都督府^{하여}以劉仁願薛仁
기 지 치 도 독 부 이 유 인 원 설 인

貴^로留鎭撫之^{하니}百濟^는歷年^이六百
귀 유 진 무 지 백 제 역 년 육 백

七十八年^{이요}高句麗^는七百五年^{이라}。
칠 십 팔 년 고 구 려 칠 백 오 년

신라의 시조 혁거세는 진한 땅에 도읍하고 박으로써 성을 삼았다. 고구려 시조 주몽은 졸본에 이르러 고신씨의 후손이라고 스스로 칭하고 성을 고라 하였다. 백제 시조 온조는 하남 위례성에 도읍하여 부여로 성씨를 삼았다. 그리하여 삼국이 각기 한 귀퉁이씩을 차지하면서 서로 침략하고 정벌하더니 그 뒤에 당나라 고종이 백제와 고구려를 멸하고, 그 땅을 나누어 도독부를 두고 유인원과 설인귀로써 머물러 있으면서 진무하게 했다. 그래서 백제는 역년이 678년이요, 고구려는 705년이었다.

新羅之末^에弓裔^가叛于北京^{하여}國號
신 라 지 말 궁 예 반 우 북 경 국 호

^를泰封^{이라하고}甄萱^은叛據完山^{하여}自稱後
태 봉 견 훤 반 거 완 산 자 칭 후

百濟^{라하다}。新羅^가亡^{하니}朴昔金三姓^이相
백 제 신 라 망 박 석 김 삼 성 상

傳^{하여}歷年^이九百九十二年^{이라}。
전 역 년 구 백 구 십 이 년

신라 말기에 궁예는 북경에서 반란을 일으켜 국호를 태봉이라 하였고 견원은 반란을 일으켜 완산에 웅거하면서 자칭 후백제라 하였다. 신라는 망하니 박·석·김 세 성이 서로 전위하여 역년이 992년이었다.

泰封諸將이 立王建하여 爲王하니 國號를
태 봉 제 장 입 왕 건 위 왕 국 호

高麗라하여 剋剗群兇하고 統合三韓하여 移이
고 려 극 잔 군 흉 통 합 삼 한 이

都松嶽하다 至于季世하여 恭愍이 無嗣하고
도 송 악 지 우 계 세 공 민 무 사

僞主辛禑가 昏暴自恣而王瑤가 不불
위 주 신 우 혼 포 자 자 이 왕 요 불

君하여 遂至於亡하니 歷年이 四百七十五
군 수 지 어 망 역 년 사 백 칠 십 오

年이라。
년

태봉의 여러 장수가 왕건을 세워 왕을 삼으니 국호를 고려라 했다. 그리고 모든 흉적을 쳐 죽이고 삼한을 통일하여 송악으로 도읍을 옮겼다. 그러나 말세에 이르러 공민왕이 아들이 없고, 가짜 임금 신우가 어둡고 사나우며 스스로 방자했으며, 왕요도 임금 노릇을 못 하여 드디어 망하게 되니 역년이 475년이었다.

天命이 歸于眞主하니 大明太祖高皇
천 명 귀 우 진 주 대 명 태 조 고 황

帝가 賜改國號曰朝鮮이라하니 定鼎于漢
제 사 개 국 호 왈 조 선 정 정 우 한

陽하여 聖子神孫이 繼繼繩繩하여 重熙累
양 성 자 신 손 계 계 승 승 중 희 누

洽^{하여}歷年五百十九年^{이라}。式至于今
흡　　역년오백십구년　　　식지우금

^{하시}니。實萬世無彊之休^{로다}。
　　실　만세무강지휴

천명이 참된 임금(이성계를 말함)에게로 돌아오니, 명나라 태조 고황제가 나라 이름을 고쳐 주어 조선이라고 하였다. 그래서 한양에다 도읍을 정하고 신성한 자손들이 끊임없이 계승하여 거듭 밝고 더욱 흡족하여 오늘날에 이르렀다. 그래서 실로 만세에 끝이 없는 아름다움이 되었도다.

於戲^라我國^이雖僻在海隅^{하며}壤地褊
오희　아국　수벽재해우　　양지편

小^하^나禮樂法度^와衣冠文物^을悉遵華
소　　예악법도　의관문물　실존화

制^{하여}人倫^이明於上^하^고教化^가行於下^{하여}
제　인륜　명어상　교화　행어하

風俗之美^가侔擬中華^하^니華人^이稱之
풍속지미　모의중화　　화인　칭지

曰小中華^라^하^니茲豈非箕子之遺化耶
왈소중화　　　자기비기자지유화야

^리^요嗟爾小子^는宜其觀感而興起哉^인^저
차이소자　의기관감이흥기재

必讀此書^{하라}。
필독차서

아! 우리 나라가 비록 바다 귀퉁이에 치우쳐 있어 땅이 좁고 작으나 예악과 법도와 의관과 문물이 모두 중국의 제도를 준수하여 인륜이 위에서 밝고 교화가 아래에서 행해져서 풍속의 아름다움이 중국과 같아, 중국인이 작은 중화라 칭한다.
이것이 어찌 기자가 끼친 교화가 아니겠는가? 아! 여러 어린이들은 마땅히 이것을 보고 느끼어, 떨쳐 일어날 것이다.

原本解説

啓蒙篇

계 몽 편

〈계몽편〉은 작자 미상으로, 〈천자문〉 다음에 〈동몽선습〉과 마찬가지로 읽히던 교과서다. 내용은 다섯 편으로 나누어, 첫편은 수편(首篇)으로 전체의 개략을 서술했고, 둘째편은 천편(天篇)으로 하늘에 관계되는 내용을 언급했으며, 세째편은 지편(地篇)으로 땅에 관계되는 내용을 말했고, 네째편은 물편(物篇)으로 짐승·곡식·초목·화초 등 물건에 대한 내용이고, 끝편은, 인편(人篇)으로 사람이 해야 할 도리를 약술했다.

啓蒙篇

首篇
수 편

上有天하고 下有地하니 天地之間에 有人
상 유 천   하 유 지   천 지 지 간   유 인

焉하고 有萬物焉하니 日月星辰者는 天之
언   유 만 물 언   일 월 성 진 자   천 지

所係也요 江海山嶽者는 地之所載
소 계 야   강 해 산 악 자   지 지 소 재

也요 父子君臣 長幼夫婦朋友者는
야   부 자 군 신   장 유 부 부 붕 우 자

人之大倫也라。
인 지 대 륜 야

위에는 하늘이 있고 아래에는 땅이 있다. 하늘과 땅 사이에 사람이 있고 만물이 있으니
해·달·별은 하늘에 매여 있고, 강·바다·산은 땅이 싣고 있으며, 부자·군신·장유·
부부·붕우는 사람의 큰 윤리이다.

以東西南北으로 定天地之方하고 以
이 동 서 남 북   정 천 지 지 방   이

青黃赤白黑으로 定物之色하고 以酸
청 황 적 백 흑   정 물 지 색   이 산

122

鹹辛甘苦로 定物之味하고 以宮商角
함 신 감 고 정 물 지 미 이 궁 상 각

徵羽로 定物之聲하고 以一二三四五
치 우 정 물 지 성 이 일 이 삼 사 오

六七八九十百千 萬 億으로 總物之
육 칠 팔 구 십 백 천 만 억 총 물 지

數하니 左 首篇이라。
수 좌 수 편

　동·서·남·북으로 천지의 방향을 삼고, 청·황·적·백·흑으로 물건의 빛깔을 정하며, 신 맛, 짠 맛, 매운 맛, 단 맛, 쓴 맛으로 물건의 맛을 정하고, 궁·상·각·치·우로 물건의 소리를 정하며, 일·이·삼·사·오·육·칠·팔·구·십·백·천·만·억으로 물건의 수를 센다. 이상은 수편이다.

天篇
천 편

日出於東方하여 入於西方하니 日出
일 출 어 동 방 입 어 서 방 일 출

則爲晝요 日入則爲夜이니 夜則月星
즉 위 주 일 입 즉 위 야 야 즉 월 성

著見焉하니라。
저 현 언

　해는 동쪽에서 나와 서쪽으로 들어간다. 해가 나오면 낮이 되고 해가 들어가면 밤이 되니, 밤에는 달과 별이 나타난다.

天有緯星하니 金木水火土五星이 是
천 유 위 성 금 목 수 화 토 오 성 시

也요 有經星하니 角亢氐房心尾箕斗
牛女虛危室壁 奎婁胃昴畢觜參
井鬼柳星張翼軫二十八宿가 是也라.

하늘에는 위성이 있으니 금성·목성·수성·화성·토성의 다섯 별이 이것이요, 또 경성이 있으니 가수·항수·저수·방수·신수·미수·기수·두수·우수·여수·허수·위수·실수·벽수·규수·누수·위수·묘수·필수·자수·삼수·정수·귀수·유수·성수·장수·익수·진수의 이십팔 수가 이것이다.

一晝夜之內에 有十二時하니 十二時
가 會而爲一日하고 三十日이 會而爲
一月하고 十有二月이 合而成一歲니라。

한 낮과 밤의 안에 12 때가 있으니 12 때가 모여 하루가 되며, 30일이 모여 한 달이 되고, 열두 달이 모여 1년이 된다.

月或有小月하니 小月則二十九日이
爲一月 歲或有閏月하니 有閏則十
三月이 成一歲라 十二時者는 即地之

十二支也니 所謂十二支者는 子丑
십 이 지 야   소 위 십 이 지 자 자 축

寅卯辰巳午未申酉戌亥也요 天有
인 묘 진 사 오 미 신 유 술 해 야   천 유

十干하니 所謂十干者는 甲乙丙丁戊
십 간   소 위 십 간 자 갑 을 병 정 무

己庚辛壬癸也니라。
기 경 신 임 계 야

달에는 혹 작은 달이 있으니 작은 달은 29일이 한 달이 되고, 어떤 해에는 윤달이 있으니 윤달이 있으면 13월이 1년이 된다. 십이시란 곧 땅의 십이지이니 이른바 십이지란 자·축·인·묘·진·사·오·미·신·유·술·해이고, 하늘에는 십간이 있으니 이른바 십간이란 갑·을·병·정·무·기·경·신·임·계이다.

天地十干이 與地之十二支로 相合
천 지 십 간   여 지 지 십 이 지 상 합

而爲六十甲子하니 所謂六十甲子
이 위 육 십 갑 자   소 위 육 십 갑 자

者는 甲子乙丑丙寅丁卯至壬戌癸
자 갑 자 을 축 병 인 정 묘 지 임 술 계

亥是也라。
해 시 야

하늘의 십간이 땅의 십이지와 더불어 서로 합하여 육십 갑자가 되니 이른바 육십갑자란, 갑자·을축·병인·정묘로부터 임술·계해에 이르는 것이 이것이다.

十有二月者는 自正月二月로 至十
십 유 이 월 자 자 정 월 이 월   지 십

二月也_라一歲之中_에亦有四時_{하니}四
이 월 야 일 세 지 중 역 유 사 시 사

時者_는春夏秋冬_이是也_라。
시 자 춘 하 추 동 시 야

열두 달이란 정월·이월로부터 십이월까지이다. 1년 중에 또 사시가 있으니 사시란
춘·하·추·동 이것이다.

以十二月_로分屬於四時_{하니}正月二
이 십 이 월 분 속 어 사 시 정 월 이

月三月_은屬之於春_{하고}四月五月六
월 삼 월 속 지 어 춘 사 월 오 월 육

月_은屬之於夏_{하고}七月八月九月_은屬之
월 속 지 어 하 칠 월 팔 월 구 월 속 지

於秋_{하고}十月十一月十二月_은屬之
어 추 시 월 십 일 월 십 이 월 속 지

於冬_{하니}晝長夜短而天地之氣_가大
어 동 주 장 야 단 이 천 지 지 기 대

暑則爲夏_{하고}夜長晝短而天地之
서 즉 위 하 야 장 주 단 이 천 지 지

氣_가大寒則爲冬_{하니}春秋則晝夜長
기 대 한 즉 위 동 춘 추 즉 주 야 장

短_이平均而春氣_는微溫_{하고}秋氣_는微
단 평 균 이 춘 기 미 온 추 기 미

凉_{이니라}。
량

126

12월을 4시로 나누어 예속시키니, 정월·이월·삼월은 봄에 속하고, 사월·오월·유월은 여름에 속하며, 칠월·팔월·구월은 가을에 속하고, 시월·십일월·십이월은 겨울에 속한다. 낮이 길고 밤이 짧으면서 천지의 기운이 매우 더우면 여름이 되고, 밤이 길고 낮이 짧으면서 천지의 기운이 추우면 겨울이 된다. 봄과 가을에는 낮과 밤의 길고 짧음이 똑같은데, 봄 기운은 좀 따뜻하고 가을 기운은 좀 서늘하다.

春三月이 盡則爲夏하고 夏三月이 盡
춘 삼 월   진 즉 위 하   하 삼 월   진

則爲秋하고 秋三月이 盡則爲冬하고 冬
즉 위 추   추 삼 월   진 즉 위 동   동

三月이 盡則復爲春이니 四時가 相代
삼 월   진 즉 부 위 춘   사 시   상 대

而歲功이 成焉이라。
이 세 공   성 언

봄의 석 달이 다하면 여름이 되고, 여름 석 달이 다하면 가을이 되며, 가을 석 달이 다하면 겨울이 되고, 겨울 석 달이 다하면 다시 봄이 되니, 사시는 교대하여 1년의 공이 이루어진다.

春則萬物이 始生하고 夏則萬物이 長
춘 즉 만 물   시 생   하 즉 만 물   장

養하고 秋則萬物이 成熟하고 冬則萬物
양   추 즉 만 물   성 숙   동 즉 만 물

閉藏하니 無非四時之功也니라 左天篇이라。
폐 장   무 비 사 시 지 공 야   좌 천 편

봄에는 만물이 비로소 나오고, 여름에는 만물이 자라며, 가을에는 만물이 성숙하고, 겨울에는 만물이 감추어진다. 그러니 만물이 태어나고 자라며, 거두어지고 저장되는 바가 사시의 공이 아닐 수 없다.
이상은 천편이다.

地篇
지 편

地之 高處는 便爲山이요 地之低處는
지 지 고 처 변 위 산 지 지 저 처

便爲水니 水之 小者를 謂川이요 水之
변 위 수 수 지 소 자 위 천 수 지

大者를 謂江이요 山之 卑者를 謂丘이요 山
대 자 위 강 산 지 비 자 위 구 산

之峻者를 謂岡이니라。
지 준 자 위 강

땅의 높은 곳이 곧 산이요, 땅의 낮은 곳이 곧 물이라 물의 작은 것을 냇물이라 하고 물
의 큰 것을 강이라 한다. 산의 낮은 것을 언덕이라 하고 산의 높은 것을 산등성이라 한다.

天下之山이 莫 大於五岳하니 五嶽者
천 하 지 산 막 대 어 오 악 오 악 자

는 泰 山嵩 山衡 山恒 山華 山也요 天
태 산 숭 산 형 산 항 산 화 산 야 천

下之水는 莫 大於四海하니 四海者는
하 지 수 막 대 어 사 해 사 해 자

東海西海南海北海也라。
동 해 서 해 남 해 북 해 야

천하의 산은 오악보다 더 큰 것이 없으니 오악은 태산·숭산·형산·항산·화산이요,
천하의 물은 사해보다 더 큰 것이 없으니 사해는 동해·서해·남해·북해이다.

山海之氣는 上與天氣로 相交則興
산 해 지 기 상 여 천 기 상 교 즉 흥

雲霧하며 降雨雪하며 爲霜露하며 生風
운 무 강 우 설 위 상 로 생 풍

雷라。
뢰

산과 바다의 기운이 올라가 하늘의 기운과 더불어 서로 어울리면 구름과 안개를 일으키고 비와 눈을 내리며 서리와 이슬을 만들고 바람과 우뢰를 발생하게 한다.

暑氣가 蒸鬱則油然而作雲하여 沛然
서 기 증 울 즉 유 연 이 작 운 패 연

而下雨하고 寒氣가 陰凝則 露結而爲
이 하 우 한 기 음 응 즉 노 결 이 위

霜하고 雨凝而成雪故로 春夏에 多雨
상 우 응 이 성 설 고 춘 하 다 우

露하고 秋冬에 多霜雪하니 變化莫測者
로 추 동 다 상 설 변 화 막 측 자

는風雷也라。
풍 뢰 야

더운 기운이 증발하여 응결되면 유연히 구름을 일으키어 패연히 비를 내리고, 찬 기운이 음침하게 응결되면 이슬이 맺히어 서리가 되며, 비가 엉기어 눈을 이루기 때문에 봄과 여름에는 비와 이슬이 많고, 가을과 겨울에는 서리와 눈이 많으니 변화를 헤아릴 수 없는 것이 바람과 우뢰이다.

古之聖王이 畫野分地하여 建邦設都
고 지 성 왕 획 야 분 지 건 방 설 도

129

하시니 四海之內에 其國이 有萬而一國
사해지내 기국 유만이일국

之中에 各置州郡焉하고 州郡之中에 各
지중 각치주군언 주군지중 각

分鄕井焉하고 爲城郭하여 以禦冠하고
분 향정언 위성곽 이어관

爲宮室하여 以處人하고 爲未耟하여 敎
위궁실 이처인 위뢰구 교

民耕稼하고 爲釜甑하여 敎民火食하고 作
민경가 위부증 교민화식 작

舟車하여 以通道路하시니라。
주거 이통도로

옛날의 성스러운 왕이 들판을 그어 땅을 나누어서 나라를 세우고 도읍을 베푸니, 사해 안에 그 나라가 만이나 있고, 한 나라 안에는 각각 주와 군을 두고, 주와 군의 안에는 각기 향과 정을 나누고, 성곽을 만들어 도적을 막고, 궁실을 만들어 사람들을 거처하게 하고, 쟁기와 따비를 만들어 백성들에게 밭 갈고 곡식 심는 것을 가르치고, 가마솥과 시루를 만들어서 백성들에게 불로 밥을 지어 먹는 것을 가르치고, 배와 수레를 만들어 도로를 통하게 했다.

金木水火土가 在天에 爲五星이요 在
금목수화토 재천 위오성 재

地에 爲五行이니 金은 以爲器하고 木은 以
지 위오행 금 이위기 목 이

爲宮하고 穀生於土하여 取水火爲飮食
위궁 곡생어토 취수화위음식

則凡人日用之物이 無非五行之物
즉범인일용지물 무비오행지물

130

也**니라.**
야

　금·목·수·화·토가 하늘에 있어 오성이 되고, 땅에 있어 오행이 되니, 쇠는 그릇을 만들고 나무는 집을 짓고 곡식은 흙에서 나서 물과 불을 취하여 음식을 만드니, 무릇 사람의 일용의 물건이 이 오행으로 된 물건이 아닌 것이 없다.

五行**이**固有相生之道**하니**水生木**하고**
오 행　　　고 유 상 생 지 도　　　　수 생 목

木生火**하고**火生土**하고**土生金**하고**金**이**
목 생 화　　　화 생 토　　　토 생 금　　　금

復生水**하니**五行之相生也**는**無窮
부 생 수　　　오 행 지 상 생 야　　　무 궁

而人用**이**不竭焉**이라.**
이 인 용　　　불 갈 언

　오행에는 본디 상생의 도가 있으니, 물이 나무를 낳고 나무는 불을 낳으며 불은 흙을 낳고 흙은 쇠를 낳으며, 쇠가 다시 물을 낳으니 오행의 상생은 무궁하고 사람의 사용함이 다함이 없다.

五行**이**亦有相克之理**하니**水克火**하고**
오 행　　　역 유 상 극 지 리　　　수 극 화

火克金**하고**金克木**하고**木克土**하고**土**가**
화 극 금　　　금 극 목　　　목 극 토　　　토

復克水**하니**乃操其相克之權**하여**能
부 극 수　　　내 조 기 상 극 지 권　　　능

用其相生之物者**는**是人之功也**라.**
용 기 상 생 지 물 자　　　시 인 지 공 야

左地篇**이다.**
좌 지 편

오행에는 또 상극의 이치가 있으니, 물이 불을 이기고, 불이 쇠를 이기며, 쇠가 나무를 이기고 나무가 흙을 이기며, 흙은 다시 물을 이기니, 곧 그 상극의 권을 잡아 능히 그 상생하는 물건을 이용할 수 있는 것은 사람들의 공로다.

이상은 지편이다.

物篇
물 편

天地生物之數가 **有萬其衆而若言**
천 지 생 물 지 수 　 유 만 기 중 이 약 언

其動植之物 **則草** **木禽獸蟲魚之**
기 동 식 지 물 　 즉 초 　 목 금 수 충 어 지

屬이 **最其較著者也**라。
속 　 최 기 교 저 자 야

천지가 만물을 낳는 수는 그 무리가 1만 가지나 되지만 만약 동물과 식물만을 말한다면 초목·금수·충어의 종속이 가장 비교적 뚜렷한 것들이다.

飛者는 **爲禽**이요 **走者**는 **爲獸**요 **鱗介者**는
비 자 　 위 금 　 주 자 　 위 수 　 인 개 자

爲蟲魚요 **根植者**는 **爲草** **木**이라。
위 충 어 　 근 식 자 　 위 초 목

나는 것은 새가 되고 뛰는 것은 짐승이 되고 비늘과 껍질이 있는 것은 벌레와 물고기가 되고 뿌리로 심어진 것은 초목이 된다.

飛禽은 **卵翼**이요 **走獸**는 **胎乳**하니 **飛禽**은
비 금 　 란 익 　 주 수 　 태 유 　 비 금

巢居_{하고} 走獸_는 穴處_{하고} 蟲魚之物化
소 거　　　주 수　　　혈 처　　　충 어 지 물 화

生者_는 最多而亦 多生於水濕之地_라
생 자　최 다 이 역　다 생 어 수 습 지 지

나는 새는 알을 낳아 날개로 덮고, 뛰는 짐승은 태로 낳아 젖을 먹이니, 나는 새는 보금
자리에서 살고 뛰는 짐승은 굴에서 살며, 벌레와 물고기는 다른 물질로 변화하여 생기는
것이 가장 많은데 또한 대개가 물과 습한 땅에서 산다.

春生而秋死者_는 草也_요 秋則葉脱
춘 생 이 추 사 자　초 야　　추 즉 엽 탈

而春復榮華者_는 木也_라 其葉_이 蒼翠
이 춘 부 영 화 자　목 야　기 엽　창 취

_요 其花_가 五色_{이니} 其根_이 深者_는 枝葉_이
기 화　오 색　　기 근　심 자　지 엽

必茂_{하고} 其有花者_는 必有實_{이니라。}
필 무　　　기 유 화 자　필 유 실

봄에 태어났다가 가을에 죽는 것이 풀이요, 가을에는 잎이 떨어졌다가 봄에는 다시 무
성해지는 것이 나무다. 그 잎이 푸르고 그 꽃이 오색이니, 그 뿌리가 깊은 것은 가지와 잎
이 반드시 무성하고, 그 꽃이 피는 것은 반드시 열매를 맺는다.

虎豹犀象之屬_은 在於山_{하고} 牛馬鷄
호 표 서 상 지 속　재 어 산　　우 마 계

犬之物_은 畜於家_{하니} 牛以耕墾_{이요} 馬
견 지 물　축 어 가　　우 이 경 간　　마

以乘載_요 犬以守夜_요 鷄以司晨_{이요} 犀
이 승 재　견 이 수 야　계 이 사 신　　서

取其角이요 象取其牙요 虎豹는 取其
취 기 각   상 취 기 아 호 표   취 기
皮라。
피

호랑이·표범·물소·코끼리 붙이는 산에 있고, 소·말·닭·개의 동물은 집에서 기르
니, 소는 밭을 갈고, 말은 타거나 실으며, 개는 밤을 지키고, 닭은 새벽을 맡으며, 물소는
그 뿔을 취하고 코끼리는 그 이빨을 취하며, 호랑이와 표범은 그 가죽을 취한다.

山林에 多不畜之禽獸하고 川澤에 多
산 림   나 불 축 지 금 수   천 택   다
無益之蟲魚故로 人以力殺하고 人以
무 익 지 충 어 고   인 이 역 살   인 이
智取하여 或用其毛羽骨角하고 或供於
지 취   혹 용 기 모 우 골 각   혹 공 어
祭祀賓客飮食之間이라。
제 사 빈 객 음 식 지 간

산과 숲에는 가축으로 기를 수 없는 금수가 많고, 냇물과 연못에는 무익한 벌레와 물
고기가 많으므로 사람들이 힘으로 죽이고, 사람들이 지혜로써 취하여 혹은 그것들의 털·
날개·뼈·뿔 등을 이용하고, 혹은 제사·접객하는 음식으로 제공되기도 한다.

走獸之中에 有麒麟焉하고 飛禽之中에
주 수 지 중   유 기 인 언   비 금 지 중
有鳳凰焉하고 蟲魚之中에 有靈龜焉하고
유 봉 황 언   충 어 지 중   유 영 귀 언
有飛龍焉하니 此四物者는 乃物之靈
유 비 용 언   차 사 물 자   내 물 지 영
異者也라 故로 或出於聖王之世라。
이 자 야 고   혹 출 어 성 왕 지 세

달리는 짐승 가운데에는 기린이 있고, 나는 새 가운데에는 봉황이 있으며, 벌레와 물고기 중에는 신령스러운 거북이 있고, 나는 용이 있다. 이 네 가지 동물은 곧 만물 중에서 영험하고 기이한 것이다. 그러므로 혹 성명한 왕의 세상에 태어난다.

稲梁黍稷은 祭祀之所以供粢盛者
도 량 서 직 제 사 지 소 이 공 자 성 자

也요 豆菽麰麥之穀은 亦無非養人
야 두 숙 모 맥 지 곡 역 무 비 양 인

命之物故로 百草之中에 穀植이 最重
명 지 물 고 백 초 지 중 곡 식 최 중

이요 犯霜雪而不凋하고 閱四時而長春
범 상 설 이 부 조 열 사 시 이 장 춘

者는 松栢也니 衆木之中에 松栢이 最
자 송 백 야 중 목 지 중 송 백 이 최

貴라。
귀

벼·조·기장·피는 제사에서 자성으로 제공되는 것이요, 팥·콩·보리 등의 곡식은 또한 인명을 기르는 물건이 아닌 것이 없으므로 온갖 풀 가운데 곡식이 가장 중하다. 서리와 눈이 범해도 마르지 아니하고, 사시를 지내면서도 봄인 것은 소나무와 잣나무이니 모든 나무 중에서 송백이 가장 귀하다.

梨栗柿棗之果가 味非不佳也니 其香
이 율 시 조 지 과 미 비 부 가 야 기 향

이 芬芳故로 果以橘柚로 爲珍하고 蘿蔔
분 방 고 과 이 귤 유 위 진 나 복

蔓菁諸瓜之菜는 種非不多也니 其味
만 청 제 과 지 채 종 비 불 다 야 기 미

辛 烈 故로 菜 以 芥 薑으로　爲 重이라。
신 열 고　채 이 개 강　위 중

　배·밤·감·대추 등의 과일은 맛이 아름답지 않음이 아니나, 그 향기가 꽃다운 점에서 과실은 귤과 유자로써 보배를 삼고, 무우·순무 등 모든 외의 나물은 종류가 많지 않은 것이 아니나 그 맛이 매우 매운 점에서 나물 중에 겨자와 생강을 귀중한 것으로 친다.

水 陸 草 木 之 花로　可 愛 者가　甚 繁 而
수 륙 초 목 지 화　가 애 자　심 번 이

陶 淵 明이 愛 菊하고　周 濂 溪는 愛 蓮하고　富
도 연 명　애 국　주 염 계　애 련　부

貴 繁 華 之 人이 多 愛 牧 丹하니　淵 明은
귀 번 화 지 인　다 애 목 단　연 명

隱 者 故로 人 以 菊 花로　比 之 於 隱 者하고
은 자 고　인 이 국 화　비 지 어 은 자

濂 溪는 君 子 故로 人 以 蓮 花로 比 之 於
염 계　군 자 고　인 이 연 화　비 지 어

君 子하고　牧 丹은 花 之 繁 華 者 故로 人
군 자　목 단　화 지 번 화 자 고　인

以 牧 丹으로　比 之 於 繁 華 富 貴 人이라。
이 목 단　비 지 어 번 화 부 귀 인

　물과 뭍에 있는 초목의 꽃으로서 사랑스러운 것이 매우 많으나, 도연명은 국화를 사랑했고, 주염계는 연꽃을 사랑했으며, 부귀하고 번화한 사람들은 대개 모란을 사랑한다. 도연명은 은자였기 때문에 사람을 국화로서 은자에 비유하고, 주염계는 군자였기 때문에 사람을 연꽃으로서 군자에 비유하며, 모란은 꽃 중에서 가장 번화한 것이기 때문에 사람은 모란으로서 그것을 부귀하고 화려한 사람에게 비유한다.

物之不齊는 乃物之情故로 以尋丈
물 지 부 제 내 물 지 정 고 이 심 장

尺寸으로 度物之 長短하고 以斤雨錙銖
척 촌 탁 물 지 장 단 이 근 량 치 수

로 稱物之輕重하고 以斗斛升石으로 量
로 칭 물 지 경 중 이 두 곡 승 석 양

物之 多寡라。
물 지 다 과

　물건이 고르지 아니함은, 곧 그 물건의 사정 때문이므로 심·장·척촌으로써 그 물건의
길고 짧음을 헤아리고, 근·냥·치·수로써 그 물건의 가볍고 무거움을 달며, 두·곡·
승·석으로써 그 물건의 많고 적음을 잰다.

算計萬物之數는 莫 便於九九하니 所
산 계 만 물 지 수 막 편 어 구 구 소

謂九九者는 九九八十一之數也라。
위 구 구 자 구 구 팔 십 일 지 수 야

左物篇이라。
좌 물 편

　만물의 수를 숫자로 계산함에는 구구보다 더 편한 것이 없다. 이른바 구구라 하는 것은
九九八十一의 수를 말한다.
　이상은 물편이다.

倫理篇
윤 리 편

萬物之中에 惟人이 最靈하니 有父子
만 물 지 중 유 인 최 령 유 부 자

之親하며 有君臣之義하며 有夫婦之別
지 친 유 군 신 지 의 유 부 부 지 별

하며 有長幼之序하며 有朋友之信이라。
유 장 유 지 서 유 붕 우 지 신

만물 가운데 오직 사람이 가장 영험하니, 부자유친하고, 군신유의하며, 부부유별하고,
장유유서하며, 붕우유신하기 때문이다.

生我者는 爲父母요 我之所生이 爲子
생 아 자 위 부 모 아 지 소 생 위 자

女요 父之父는 爲祖요 子之子 爲孫
녀 부 지 부 위 조 자 지 자 위 손

이요 與我同父母者는 爲兄弟요 父母
여 아 동 부 모 자 위 형 제 부 모

之兄弟는 爲叔이요 兄弟之子女는 爲
지 형 제 위 숙 형 제 지 자 녀 위

姪이요 子之妻는 爲婦요 女之夫는 爲婿라。
질 자 지 처 위 부 여 지 부 위 서

나를 낳은 자는 부모가 되고, 내가 낳은 것은 자녀가 되며, 아버지의 아버지는 할아버지
가 되고, 아들의 아들은 손자가 된다. 나와 함께 부모를 같이 한 자는 형제가 되고, 부모
의 형제는 아저씨가 되며, 형제의 자녀는 조카가 되고, 아들의 아내는 며느리가 되며, 딸
의 남편은 사위가 된다.

有夫婦然後에 有父子하니 夫婦者는
유 부 부 연 후 유 부 자 부 부 자

人道之始也라 故로 古之聖人이 制爲
인 도 지 시 야 고 고 지 성 인 제 위

婚姻之禮하여 以重其事하니라。
혼 인 지 례 이 중 기 사

부부가 있은 후에야 부자가 있으니, 부부는 사람의 도리의 시초다. 그러므로 옛날의 성
인이 혼인하는 예를 만들어 그 일을 중하게 했다.

人非父母면 無從而生이라 且人生三
인 비 부 모 무 종 이 생 차 인 생 삼

歲然後에 始免於父母之懷故로 欲
세 연 후 시 면 어 부 모 지 회 고 욕

盡其孝則服勤至死하고 父母가 沒則
진 기 효 즉 복 근 지 사 부 모 몰 즉

致喪三年하여 以報其生成之恩이라。
치 상 삼 년 이 보 기 생 성 지 은

사람은 부모가 아니면 좇아 태어날 수가 없다. 또 사람이란 세 살이 된 후에야 비로소
부모의 품을 떠나므로, 그 효도를 극진히 하고자 하면 수고로이 복종하여 죽을 때까지 하
고, 부모가 돌아가면 거상을 삼년간 입어 부모가 낳고 기른 은혜를 보답해야 한다.

耕於野者는 食君之土하고 立於朝者
경 어 야 자 식 군 지 토 입 어 조 자

는 食君之禄이니 人이 固非父母則不
식 군 지 녹 인 고 비 부 모 즉 불

生이요 亦非君則不食故로 臣之事君이
생 역 비 군 즉 불 식 고 신 지 사 군

139

如子事父_{하여} 唯義所在則舍命效
여 자 사 부　　　　유 의 소 재 즉 사 명 효

忠_{이라}。
충

　　들에서 밭가는 자는 임금의 땅을 먹고 조정에 서 있는 자는 임금의 녹을 먹으니, 사람이 진실로 부모가 아니면 태어나지 못하고, 또 임금이 아니면 먹지를 못하므로 신하가 임금을 섬김이 자식이 어버이를 섬기는 것같이 하여, 오직 의가 있는 곳이면 생명을 버리고 충성을 본받아야 한다.

人於等輩_에 尚不可相踰_{어든} 況年高
인 어 등 배　　상 불 가 상 유　　황 년 고

於我_{하고} 官貴於我_{하고} 道尊於我者乎
어 아　　관 귀 어 아　　도 존 어 아 자 호

_아 故_로 在鄉黨則敬其齒_{하고} 在朝則
고　　재 향 당 즉 경 기 치　　재 조 즉

敬其爵_{하고} 尊其道而敬其德_이 是禮
경 기 작　　존 기 도 이 경 기 덕　시 례

也_라。
야

　　사람이 같은 동아리에서도 오히려 넘지 못하거든 하물며 나이가 나보다 많고 벼슬이 나보다 귀하며 도가 나보다 높은 사람에 대해서야? 그러므로 향당에서는 그 나이를 공경하고, 조정에서는 그 벼슬을 공경하며, 그 도를 높이고 그 덕을 공경하는 것, 이것이 예이다.

曾子曰 君子_는 以文會友_{하고} 以友
증 자 왈 군 자　　이 문 회 우　　이 우

輔仁_{이라} 盖人不能無過而朋友_가
보 인　　개 인 불 능 무 과 이 붕 우

有責善之道故로人之所以成就其
유 책 선 지 도 고 인 지 소 이 성 취 기

德性者는固莫大於師友之功이라。雖
덕 성 자 고 막 대 어 사 우 지 공 수

然이나友有益友하고亦有損友하니取友를不
연 우 유 익 우 역 유 손 우 취 우 불

可不端也라。
가 불 단 야

증자가 말하기를,
「군자는 글로서 벗을 모으고 벗으로서 인을 돕는다」
하였다. 대개 사람은 허물이 없지 못하여 친구가 책선의 도를 행하므로 사람이 그 덕성을
성취하는 데는 진실로 스승과 벗의 공로보다 더 큰 것이 없다. 비록 그러하나 벗에는 유익
한 벗이 있고 또 해로운 벗이 있으니, 벗을 취함에 단정하게 하지 않을 수 없다.

同受父母之餘氣하여以爲人者는兄
동 수 부 모 지 여 기 이 위 인 자 형

弟也라且人之方幼也에食則連牀하고
제 야 차 인 지 방 유 야 식 즉 연 상

枕則同衾하여共被父母之恩者는亦
침 즉 동 금 공 피 부 모 지 은 자 역

莫如我兄弟也라故로愛其父母者는
막 여 아 형 제 야 고 애 기 부 모 자

亦必愛其兄弟라。
역 필 애 기 형 제

함께 부모의 남은 기운을 받아서 사람이 된 자가 형제다. 또 사람이 바야흐로 어렸을 때
에 식사를 할 때는 상을 같이하고, 잘 때는 이불을 같이하여 함께 부모의 은혜를 입은 자
는 또한 우리의 형제와 같은 것이다. 그러므로 그 부모를 사랑하는 자는 또한 반드시 그
형제를 사랑할 것이다.

宗族이 雖有親疎遠 近之分이나 然이나
종족 수유친소원근지분 연

推究其本則同是祖先之骨肉이니
추구기본즉동시조선지골육

苟於宗族에 不相友愛則 是는 忘其
구어종족 불상우애즉시 망기

本也라 人而忘本이면 家道가 漸替라。
본야 인이망본 가도 점체

종족에는 비록 친하고 성기며 멀고 가까운 차이가 있으나, 그러하나 그 근본을 찾아 올라가면 조선의 골육을 함께 하고 있으니, 진실로 종족 사이에 서로 우애하지 않으면 이는 그 근본을 잊어버리는 것이다. 사람으로서 그 근본을 잊으면 가도는 점차 폐지된다.

父慈而子孝하며 兄愛而弟敬하며 夫和而
부자이자효 형애이제경 부화이

妻順하며 事君忠而接人恭하며 與朋友
처순 사군충이접인공 여붕우

信而撫宗族厚면 可謂成德君子也라
신이무종족후 가위성덕군자야

어버이는 사랑하고 아들은 효도하며, 형은 우애하고 아우는 공경하며, 남편은 온화하고 아내는 순종하며, 임금을 섬김에는 충성스럽고 사람을 대함에는 공손하며, 친구와 사귈 때는 신용이 있고, 종족을 구휼함은 두텁게 하면 덕을 이룬 군자라고 할 수 있다.

凡人禀性이 初無不善이니 愛親敬兄
범인품성 초무불선 애친경형

하며 忠君弟長之道는 皆已具於吾心
충군제장지도 개이구어오심

之中이니 固不可求之於外面而 惟
지 중 고 불 가 구 지 어 외 면 이 유

在我力行而不已也라。
재 아 역 행 이 불 이 야

대체로 사람의 타고난 성품이 처음에 착하지 않음이 없다. 어버이를 사랑하고 형을 공경하며, 임금에게 충성스럽고 어른에게 공손한 도가 모두 이미 내 마음 가운데 갖추어 있으니, 진실로 외면에서 구해서는 안되고, 오직 내가 힘써 행하여 그치지 않는 데 있을 뿐이다.

人非學問이면 固難知其何者가 爲孝
인 비 학 문 고 난 지 기 하 자 위 효

며 何者가 爲忠이며 何者가 爲弟며 何者
하 자 위 충 하 자 위 제 하 자

가 爲信故로 必須讀書窮理하여 求觀
위 신 고 필 수 독 서 궁 리 구 관

於古人하며 體驗於吾心하여 得其一
어 고 인 체 험 어 오 심 득 기 일

善하여 勉行之則孝弟忠信之節이自
선 면 행 지 면 효 제 충 신 지 절 자

無不合於天叙之則矣라。
무 불 합 어 천 서 지 측 의

사람이 학문을 하지 않으면 진실로 그 어떤 것이 효가 되고 어떤 것이 충성이 되며, 어떤 것이 공경이 되고 어떤 것이 신용이 되는 것인지를 알기 어려우므로, 반드시 책을 읽고 이치를 궁리하여 옛사람에게서 구하여 보며, 나의 마음에서 체험하여 그 한 가지의 체험을 얻어 그것을 힘써 행하면, 효제충신의 예절이 스스로 하늘이 베푸는 법칙에 맞지 않는 일이 없다.

收斂心身이 莫 切於九容이니 所謂九
수 렴 심 신 막 절 어 구 용 소 위 구

容者는 足容重하며 手容恭하며 目容端하며
용 지 족 용 중 수 용 공 목 용 단

口容止하며 聲容靜하며 頭容直하며 氣容肅
구 용 지 성 용 정 두 용 직 기 용 숙

하며 立容德하며 色容莊이라。
입 용 덕 색 용 장

몸과 마음을 수렴함은 아홉 모양에서 더 간절함이 없다. 이른바 아홉 모양이란, 발의 모양은 묵직하고 손의 모양은 공손하며, 눈의 모양은 단정하고 입의 모양은 정지해 있으며, 소리의 모양은 안정하고 머리의 모양은 곧으며, 기운의 모양은 엄숙하고 서 있는 모양은 덕성스러우며, 안색의 모양은 장중해야 하는 것이다.

進學益智는 莫 切於九思니 所謂九
진 학 익 지 막 절 어 구 사 소 위 구

思者는 視思明하며 聽思聰하며 色思温하며
사 자 시 사 명 청 사 총 색 사 온

貌思恭하며 言思忠하며 事思敬하며 疑思問
모 사 공 언 사 충 사 사 경 의 사 문

하며 忿思難하며 見得思義라。 左人篇이라。
분 사 난 견 득 사 의 좌 인 편

학문에 나아가 지혜를 더함은 구사보다 더 간절함이 없으니, 이른바 구사란, 볼 때는 분명함을 생각하고, 듣는 데는 밝음을 생각하며, 안색은 온화함을 생각하고, 모양은 공손함을 생각하며, 말에는 충성스러움을 생각하고, 일에는 공경함을 생각하며, 의심스러우면 묻기를 생각하고, 분함에는 환란을 생각하며, 이익을 볼 때에는 의로움을 생각한다.
이상은 인편이다.

附錄

永 字 八 法

♣ 漢나라 蔡邕이 고안한 것으로 「永」字로써 모든 글자에 공통하
는 여덟가지의 運筆法을 「永字八法」이라 한다.

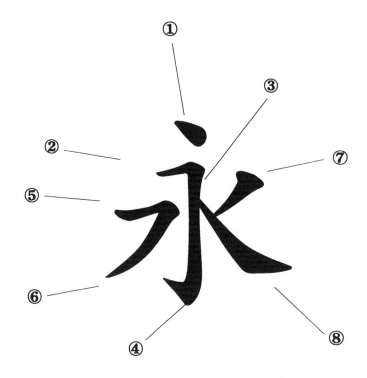

① 側(측)…점찍는 법(上點)
② 勒(늑)…가로 긋는 법(平橫)
③ 努(노)…내리 긋는 법(中直)
④ 趯(적)…올려 긋는 법(上句)
⑤ 策(책)…오른쪽으로 치키는 법(左挑)
⑥ 掠(약)…길게 뻗치는 법(右拂)
⑦ 啄(탁)…짧게 뻗치는 법(左擎)
⑧ 磔(책)…파임하는 법(右捺)

三 綱 五 倫(삼강오륜)

父爲子綱(부위자강) : 아들은 아버지를 섬기는 근본이고
君爲臣綱(군위신강) : 신하는 임금을 섬기는 근본이고
夫爲婦綱(부위부강) : 아내는 남편을 섬기는 근본이다.

君臣有義(군신유의) : 임금과 신하는 의가 있어야 하고
父子有親(부자유친) : 아버지와 아들은 친함이 있어야 하며
夫婦有別(부부유별) : 남편과 아내는 분별이 있어야 하며
長幼有序(장유유서) : 어른과 어린이는 차례가 있어야 하고
朋友有信(붕우유신) : 벗과 벗은 믿음이 있어야 한다.

朱 子 十 悔(주자십회)

不孝父母死後悔(불효부모사후회) : 부모에게 효도하지 않으면 죽은 후에 뉘우친다.
不親家族疏後悔(불친가족소후회) : 가족에게 친절치 않으면 멀어진 뒤에 뉘우친다.
少不勤學老後悔(소불근학노후회) : 젊을 때 부지런히 배우지 않으면 늙어서 뉘우친다.
安不思難敗後悔(안불사난패후회) : 편할 때 어려움을 생각지 않으면 실패 후에 뉘우친다.
富不儉用貧後悔(부불검용빈후회) : 부유할 때 아껴쓰지 않으면 가난한 후에 뉘우친다.
春不耕種秋後悔(춘불경종추후회) : 봄에 종자를 갈지 않으면 가을에 뉘우친다.
不治垣牆盜後悔(불치원장도후회) : 담장을 고치지 않으면 도적 맞은 후에 뉘우친다.
色不謹愼病後悔(색불근신병후회) : 색을 삼가치 않으면 병든 후에 뉘우친다.
醉中妄言醒後悔(취중망언성후회) : 술 취할 때 망언된 말은 술 깬 뒤에 뉘우친다.
不接賓客去後悔(불접빈객거후회) : 손님을 대접하지 않으면 간 뒤에 뉘우친다.

약자 · 속자 일람표 (1)

본자	약자 속자	뜻과 음		본자	약자 속자	뜻과 음		본자	약자 속자	뜻과 음	
價	価	값	가	國	国	나라	국	兩	両	두	량
假	仮	거짓	가	權	权	권세	권	勵	励	힘쓸	려
覺	覚	깨달을	각	勸	勧	권할	권	歷	厂	지날	력
擧	拳	들	거	歸	帰	돌아올	귀	聯	联	잇닿을	련
據	拠	의지할	거	氣	気	기운	기	戀	恋	사모할	련
劍	剣	칼	검	寧	寧	편안할	녕	靈	灵	신령	령
檢	検	검사할	검	單	単	홑	단	禮	礼	예	례
輕	軽	가벼울	경	斷	断	끊을	단	勞	労	수고로울	로
經	経	글	경	團	団	모임	단	爐	炉	화로	로
繼	継	이을	계	擔	担	멜	담	屢	屡	자주	루
觀	観	볼	관	當	当	마땅할	당	樓	楼	다락	루
關	関	빗장	관	黨	党	무리	당	離	难	떠날	리
館	舘	집	관	對	対	대답할	대	萬	万	일만	만
廣	広	넓을	광	圖	図	그림	도	蠻	蛮	오랑캐	만
鑛	鉱	쇳돌	광	讀	読	읽을	독	賣	売	팔	매
舊	旧	오랠	구	獨	独	홀로	독	麥	麦	보리	맥
龜	亀	거북	귀	樂	楽	즐길	락	囬	面	낯	면
區	区	구역	구	亂	乱	어지러울	란	發	発	필	발
驅	駆	몰	구	覽	覧	볼	람	拜	拝	절	배
鷗	鴎	갈매기	구	來	来	올	래	變	変	변할	변

약자 · 속자 일람표 (2)

본자	약자속자	뜻과 음		본자	약자속자	뜻과 음		본자	약자속자	뜻과 음	
邊	辺	가	변	亞	亜	버금	아	轉	転	구를	전
竝	並	아우를	병	惡	悪	악할	악	傳	伝	전할	전
寶	宝	보배	보	巖	岩	바위	암	點	点	점	점
簿	笕	문서	부	壓	圧	누를	압	齊	斉	가지런할	제
拂	払	떨칠	불	藥	薬	약	약	濟	済	건널	제
寫	写	베낄	사	嚴	厳	엄할	엄	卽	即	곧	즉
辭	辞	말	사	與	与	줄	여	證	証	증거	증
狀	状	모양	상	譯	訳	통변할	역	參	参	참여할	참
雙	双	쌍	쌍	驛	駅	역	역	處	処	곳	처
敍	叙	펼	서	鹽	塩	소금	염	鐵	鉄	쇠	철
選	逃	가릴	선	營	営	경영할	영	廳	厅	관청	청
續	続	이을	속	藝	芸	재주	예	體	体	몸	체
屬	属	붙을	속	譽	誉	기릴	예	齒	歯	이	치
壽	寿	목숨	수	爲	為	할	위	廢	廃	폐할	폐
數	数	수	수	應	応	응할	응	豐	豊	풍년	풍
獸	獣	짐승	수	醫	医	의원	의	學	学	배울	학
濕	湿	젖을	습	貳	弐	두	이	號	号	이름	호
乘	乘	탈	승	壹	壱	하나	일	畫	画	그림	화
實	実	열매	실	殘	残	남을	잔	歡	歓	기쁠	환
兒	児	아이	아	蠶	蚕	누에	잠	會	会	모을	회

반대의 뜻을 가진 漢字 (1)

加	더할	가	減	덜	감	暖	따뜻할	난	冷	찰	랭
可	옳을	가	否	아니	부	難	어려울	난	易	쉬울	이
甘	달	감	苦	쓸	고	男	사내	남	女	계집	녀
强	강할	강	弱	약할	약	內	안	내	外	바깥	외
開	열	개	閉	닫을	폐	濃	짙을	농	淡	엷을	담
客	손	객	主	수인	주	多	많을	다	少	적을	소
去	갈	거	來	올	래	大	클	대	小	작을	소
乾	마를	건	濕	축축할	습	動	움직일	동	靜	고요할	정
京	서울	경	鄕	시골	향	頭	머리	두	尾	꼬리	미
輕	가벼울	경	重	무거울	중	得	얻을	득	失	잃을	실
苦	괴로울	고	樂	즐거울	락	老	늙을	로	少	젊을	소
高	높을	고	低	낮을	저	利	이로울	리	害	해로울	해
古	예	고	今	이제	금	賣	팔	매	買	살	매
曲	굽을	곡	直	곧을	직	明	밝을	명	暗	어두울	암
功	공	공	過	허물	과	問	물을	문	答	대답할	답
公	공평할	공	私	사사	사	發	떠날	발	着	붙을	착
敎	가르칠	교	學	배울	학	貧	가난할	빈	富	부자	부
貴	귀할	귀	賤	천할	천	上	위	상	下	아래	하
禁	금할	금	許	허락할	허	生	날	생	死	죽을	사
吉	길할	길	凶	언짢을	흉	先	먼저	선	後	뒤	후

반대의 뜻을 가진 漢字 (2)

玉	옥	옥	石	돌	석	長	길	장	短	짧을	단
安	편아할	안	危	위태할	위	前	앞	전	後	뒤	후
善	착할	선	惡	악할	악	正	바를	정	誤	그르칠	오
受	받을	수	授	줄	수	早	일찍	조	晚	늦을	만
勝	이길	승	敗	패할	패	朝	아침	조	夕	저녁	석
是	옳을	시	非	아닐	비	晝	낮	주	夜	밤	야
始	비로소	시	終	마칠	종	眞	참	진	假	거짓	가
新	새	신	舊	예	구	進	나아갈	진	退	물러갈	퇴
深	깊을	심	淺	얕을	천	集	모을	집	散	흩어질	산
哀	슬플	애	歡	기쁠	환	天	하늘	천	地	땅	지
溫	따뜻할	온	冷	찰	랭	初	처음	초	終	마칠	종
往	갈	왕	來	올	래	出	나갈	출	入	들	입
優	뛰어날	우	劣	못할	렬	表	겉	표	裏	속	리
遠	멀	원	近	가까울	근	豐	풍년	풍	凶	흉년	흉
有	있을	유	無	없을	무	彼	저	피	此	이	차
陰	그늘	음	陽	볕	양	寒	찰	한	暑	더울	서
異	다를	이	同	한가지	동	虛	빌	허	實	열매	실
因	인할	인	果	과연	과	黑	검을	흑	白	흰	백
自	스스로	자	他	남	타	興	흥할	흥	亡	망할	망
雌	암컷	자	雄	수컷	웅	喜	기쁠	희	悲	슬플	비

잘못 쓰기 쉬운 漢字 (1)

綱	법	강	網	그물	망	問	물을	문	間	사이	간
開	열	개	閑	한가할	한	未	아닐	미	末	끝	말
決	정할	결	快	유쾌할	쾌	倍	갑절	배	培	북돋을	배
徑	지름길	경	經	날	경	伯	맏	백	佰	어른	백
古	예	고	右	오른	우	凡	무릇	범	几	안석	궤
困	지칠	곤	因	인할	인	復	다시	부	複	거듭	복
科	과목	과	料	헤아릴	료	北	북녘	북	兆	조	조
拘	잡을	구	枸	구기자	구	比	견줄	비	此	이	차
勸	권할	권	歡	기쁠	환	牝	암컷	빈	牡	수컷	모
技	재주	기	枝	가지	지	貧	가난	빈	貪	탐할	탐
端	끝	단	瑞	상서	서	斯	이	사	欺	속일	기
代	대신	대	伐	벨	벌	四	넉	사	匹	짝	필
羅	그물	라	罹	만날	리	象	형상	상	衆	무리	중
旅	나그네	려	族	겨레	족	書	글	서	晝	낮	주
老	늙을	로	考	생각할	고	設	세울	설	說	말씀	설
綠	초록빛	록	緣	인연	연	手	손	수	毛	털	모
論	의논할	론	輪	바퀴	륜	熟	익힐	숙	熱	더울	열
栗	밤	률	粟	조	속	順	순할	순	須	모름지기	수
摸	본뜰	모	模	법	모	戌	개	술	戍	막을	수
目	눈	목	自	스스로	자	侍	모실	시	待	기다릴	대

잘못 쓰기 쉬운 漢字 (2)

市	저자	시	布	베풀	포	情	인정	정	淸	맑을	청
伸	펼	신	坤	땅	곤	爪	손톱	조	瓜	오이	과
失	잃을	실	矢	살	시	准	법	준	淮	물이름	회
押	누를	압	抽	뽑을	추	支	지탱할	지	攴	칠	복
哀	슬플	애	衷	가운데	충	且	또	차	旦	아침	단
冶	녹일	야	治	다스릴	치	借	빌릴	차	措	정돈할	조
揚	나타날	양	楊	버들	양	淺	얕을	천	殘	나머지	잔
億	억	억	憶	생각할	억	天	하늘	천	夭	재앙	요
與	더불어	여	興	일어날	흥	天	하늘	천	夫	남편	부
永	길	영	氷	얼음	빙	撤	걷을	철	撒	뿌릴	살
午	낮	오	牛	소	우	促	재촉할	촉	捉	잡을	착
于	어조사	우	干	방패	간	寸	마디	촌	才	재주	재
雨	비	우	兩	두	량	坦	넓을	탄	垣	낮은담	원
圓	둥글	원	園	동산	원	湯	끓을	탕	陽	볕	양
位	자리	위	泣	울	읍	波	물결	파	彼	저	피
恩	은혜	은	思	생각할	사	抗	항거할	항	坑	묻을	갱
作	지을	작	昨	어제	작	幸	다행	행	辛	매울	신
材	재목	재	村	마을	촌	血	피	혈	皿	접씨	명
沮	막을	저	阻	막힐	조	侯	제후	후	候	모실	후
田	밭	전	由	말미암을	유	休	쉴	휴	体	상여군	분

●우리나라 姓氏一覽表

金(성김) 李(오얏리) 伊(저이) 異(다를이) 權(권세권) 朴(순박할박) 崔(높을최) 鄭(나라정) 丁(장정정) 程(법정) 安(편안할안) 雁(기러기안) 白(흰백) 趙(나라조) 曹(무리조) 姜(성강) 康(편안할강) 强(강할강) 彊(이길강) 剛(굳셀강) 全(온전전) 田(밭전) 錢(돈전) 徐(천천할서) 西(서녘서) 孫(손자손) 柳(버들류) 兪(맑을유) 劉(묘금도유) 庾(노적유) 楊(버들양) 梁(들보량) 洪(넓을홍) 吳(나라오) 天(하늘천) 千(일천천) 韓(나라한) 漢(한수한) 文(글월문) 宋(나라송) 嚴(엄할엄) 許(허락허) 南(남녘남) 閔(성민) 車(수레차) 高(높을고) 裵(성배) 池(못지) 智(지혜지) 申(납신) 辛(매울신) 愼(삼갈신) 魯(나라로) 盧(성로) 菜(나물채) 蔡(나라채) 采(비단채) 秋(가을추) 鄒(나라추) 張(베풀장) 莊(씩씩할장) 蔣(성장) 章(글월장) 林(수풀림) 任(맡길임) 具(갖출구) 丘(언덕구) 孔(구멍공) 公(귀공) 玄(검을현) 卞(성변) 邊(갓변) 元(으뜸원) 原(벌판원) 袁(옷길원) 廉(청렴할렴) 濂(고을렴) 閻(여염염) 夫(남편부) 陰(그늘음) 方(모방) 房(방방) 邦(나라방) 龐(클방) 龐(성방) 咸(다함) 石(돌석) 昔(옛석) 朱(붉을주) 周(두루주) 禹(우임금우) 于(어조사우) 馬(말마) 余(나여) 呂(법려) 汝(너여) 宣(베풀선) 單(성선) 先(먼저선) 表(겉표) 薛(성설) 桂(계수계) 琴(거문고금) 沈(성심) 卓(높을탁) 孟(맏맹) 魚(고기어) 魏(나라위) 韋(가죽위) 印(도장인) 奇(기이할기) 晉(나라진) 秦(나라진) 陳(나라진) 眞(참진) 甄(질그릇진) 玉(구슬옥) 殷(나라은) 恩(은혜은) 延(뻗칠연) 燕(제비연) 連(잇달을련) 潘(성반) 班(차례반) 毛(터럭모) 牟(클모) 諸(모든제) 陸(육지륙) 龍(용룡) 明(밝을명) 太(클태) 奉(받들봉) 鳳(새봉) 承(이을승) 昇(오를승) 慶(경사경) 景(별경) 謝(사례사) 舍(집사) 史(사기사) 芮(성예) 藝(재주예) 水(물수) 都(도읍도) 道(길도) 陶(질그릇도) 要(요긴할요) 堯(요임금요) 鞠(기를국) 國(나라국) 成(이룰성) 星(별성) 河(물하) 夏(여름하) 郭(성곽) 蘇(차조소) 邵(높을소) 董(연뿌리동) 吉(좋을길) 片(조각편) 邢(나라형) 睦(화목할목) 羅(벌일라) 尹(맏윤) 黃(누를황) 墨(먹묵) 葛(칡갈) 尚(오히려상) 施(베풀시) 弼(도울필) 皮(가죽피) 溫(따뜻할온) 左(왼쪽좌) 慈(사랑자) 賈(장사가) 杜(막을두) 王(임금왕) 范(성범) 凡(무릇범) 柴(맬나무시) 邕(화할옹) 卜(점복) 扈(나라호) 胡(북방종족호) 彬(빛날빈) 賓(손빈) 氷(어름빙) 弓(활궁) 甘(달감) 簡(편지간) 干(방패간) 彭(성팽) 唐(나라당) 楚(나라초) 平(평할평) 舜(순임금순) 荀(성순) 項(순할순) 淳(순박할순) 湯(물끓을탕) 昌(창성할창) 介(곳집창) 路(길로) 頓(졸돈) 乃(이에내) 大(큰대) 丕(클비) 彈(탄탄) 堅(굳을견) 雷(우뢰뢰) 阿(언덕아) 判(쪼갤판) 海(바다해) 米(쌀미) 鐘(쇠북종) 浪(물결랑) 包(쌀포) 鳸(성격) 雲(구름운) 肖(같을초) 后(왕후후) 葉(성섭) 化(될화) 梅(매화매) 花(꽃화) 姚(고을요) 奈(어찌내) 萬(일만만) 箕(키기) 馮(성풍) 宗(마루종) 應(응할응) 鮑(성포) 扁(작을편) 襄(도울양) 永(길영) 俊(준걸준) 端(끝단) 斤(날근근) 君(임금군) 雍(화할옹) 執(잡을집) 芸(향풀운) 哀(슬플애) 壹(하나일) 骨(뼈골) 潭(못담) 艾(쑥애) 介(클개) 夜(밤야) 段(조각단) 麻(삼마) 占(점점) 顔(얼굴안) 子(아들자) 項(목항) 季(끝계) 曾(일찍증) 饒(풍요할요) 解(풀해) 齊(나라제) 何(어찌하) 樊(새장반) 佟(성동) 關(관계할관) 乜(성먀) 麥(보리맥) 司空(맡을사 빙공) 獨孤(홀로독외로울고) 西門(서녘서 문문) 諸葛(모두제 칡갈) 東方(동녘동 모방) 公孫(귀공 손자손) 南宮(남녘남 집궁) 鮮于(고을선 어조사우) 皇甫(임금황 클보) 乙支(새을 지탱할지) 井(우물정) 相(서로상) Y(두갈래실아) 泰(클태) 澤(못택) 庬(삼살개방) 石(성독) 裴(성배) 來(올래) 陽(볕양) 東(동녘동) 衛(모실위) 滕(나라등) 夏(이름돌) 丑(소축) 歐(성구)